高収入だけど
超ブラックな
ファーム勤めの
外資系コンサルタント
が明かす

不動産投資始めるなら「若いうち」！

20代から不動産投資を始め
期待に応える成果を残す
TAKA………著

時間を
味方につける
仕事のストレスで
3戸買う？
世の中、
甘い話はない
賃料を落とさない
テクニック
完済物件は
担保として活かす

まえがき

いま、パソコンの前でフリーズして座っています。まったく手が動かず……。本文中で登場する日本財託の田島浩作氏から本を出版する話を受け、執筆を始めた直後のことです。

きっかけは些細な会話からでした。田島氏と電話で話をしていると、突然思い出したかのように、

「そういえば前に話した本出版の件ですけど、そろそろ書いちゃいましょうか。20代前半から不動産投資をコツコツ始めて13室も保有している人は、まれですからね。せっかくだから、書きましょう！」

と切り出された。あまりに唐突、あまりに脈絡のない話の切り出し。しかし、田島氏は私の将来が見えているかのように、常に結論だけ端的に話すのです。

「本を書くことで、ＴＡＫＡさんの将来というか価値観も変わりますから」

不動産会社の営業の方に人生の価値観まで変えられるとは、まったくもって想像もしていませんでした。

田島氏の勢いと流れで、なんとなく「書いてみようと思います」と安請け合いしたのが運の尽き。その直後、絶望の淵に立たされました。

「だいたい10万字くらいをメドに書いてくれればよいので！　ちまたにあふれている不動産投資術やHow to本は、結局書いていることは皆同じ。TAKAさん自身の自叙伝として、不動産を13室までにするまでの経緯や人生・仕事について、生々しい話を書きましょう。これからお客さまがいらっしゃるので、そうゆうことで、よろしく！」

とだけ田島氏は伝え、電話は切れました。「そうゆうことって、どうゆうことだ！」と呆然としながらパソコンの前に座っているわけですが、気を取り直して「まえがき」を書き始めたのです（後日談は「あとがき」に続く）。

私は東京のワンルームを13室保有している不動産オーナーで、現在38歳。25歳から不動産投資を始め、13年が経ちます。生まれは埼玉県の北西部の田舎で、高校まで埼玉で暮らし、大学から東京に出てきました。

２００９年に新卒で東京都港区の外資系コンサルティング会社に就職し、15年目で転職という大きな決断を下し、有給休暇の消化中に本の執筆に着手しています。有休消化中なので時間は確かにありますが、人様に偉そうに語れるようなネタもないと思いながら……。

しかし、こんな機会でもなければ、自分自身の不動産投資を振り返ることもないでしょう。そもそもなんとなく始めた不動産投資ですが、気がつけば13室にまで増えています（次ページ表参照）。確かに周囲を見ても、13室の不動産を保有している人はそうそういません。さらに、25歳という若さで不動産投資に着手している人も、そうそういないのです。田島氏の「20代前半から不動産投資をコツコツ始めて13室も保有している人はまれ」という言葉は、本を書くために持ち上げたウソではないのです。

そんな経緯で本書を執筆することになったのですが、お金持ちの家庭に生まれたわけでもなく、莫大な遺産を受け継いだわけでもなく、ちょっとだけサラリーマンとしては稼いだ、ごくごく普通の私が実践した投資の経緯を紹介していきましょう。

２０２５年　３月

著者　ＴＡＫＡ記す

私の所有不動産の一覧（2024年1月時点）

所在地	築年数（購入時）	購入金額	残債（2023/12）	購入時の年齢	購入年	ローン期間	完済時の年齢	
蒲田	新築	2,340万円	1,670万円	25歳	2011年	35年	60歳	他社購入
蒲田	新築	2,080万円	1,560万円	26歳	2012年	35年	61歳	
田端	築5年	1,850万円	1,440万円	27歳	2013年	35年	62歳	
蒲田	築6年	1,980万円	1,700万円	31歳	2017年	35年	66歳	
立川	新築	2,450万円	2,260万円	32歳	2018年	45年	77歳	
立川	新築	2,450万円	2,260万円	32歳	2018年	45年	77歳	
尾久	新築	3,450万円	3,160万円	34歳	2020年	35年	69歳	
渋谷	築38年	1,820万円	キャッシュ購入	35歳	2021年	ー	35歳	日本財託購入
田町	築42年	1,420万円	キャッシュ購入	36歳	2022年	ー	36歳	
ときわ台	築35年	1,130万円	810万円	38歳	2023年	21年	59歳	
武蔵小山	築34年	1,390万円	1,370万円	38歳	2023年	21年	59歳	
品川	築36年	1,280万円	1,260万円	38歳	2023年	22年	60歳	
蒲田	築38年	1,210万円	1,190万円	38歳	2023年	26年	64歳	

- すべて東京都内
- 他社購入はほぼ新築、日本財託からの購入は築古
- 2024 年 1 月以降も買い増し中

目次

高収入だけど超ブラックなファーム勤めの
外資系コンサルタントが明かす
不動産投資、始めるなら「若いうち」！

プロローグ

投資は決断力！

1章

外資系コンサルタントとして社会人生活をスタート

2章
フトしたきっかけで始まった不動産投資

3章

ホントに稼げる？　失敗しない？不動産投資のしくみを知る

4章

買い増しを再開！「将来の不安」は解消できた!?

5章

不動産投資の本質を知らされた日本財託との出会い

6章
不動産投資と人生の選択肢

カバー装丁／ＮＯＮｄｅｓｉｇｎ（小島トシノブ）
本文イラスト／モリモト・パンジャ
本文編集＆ＤＴＰ／菱田編集企画事務所・シニアテック研究所

プロローグ

投資は決断力！

コンサルタントらしくまずは結論から

私は外資系コンサルティング会社に新卒で就職して15年、嫌というほど「まずは結論から伝える」と叩き込まれました。その仕事術にのっとり、結論から先に語りましょう。

伝えたいこと、それは、

「**投資は決断力だ！**」

です。本書を執筆するにあたり、何度も何度もメインメッセージを考えました。自分自身に問いかけ、結局のところ不動産投資を始めた決め手は何かを考えた結果が、

「決断力」でした。

本書を手に取る読者のなかには、不動産投資の着手に悩んでいて、「こわい」「あやしい」「わからない」といったネガティブな思いを持つ方もいらっしゃると思います。後章で詳細は説明しますが、その方々に決断力が重要であることを、まずお伝えします。

本書の出版にあたり、不動産投資におけるこれまでの経緯や実績を振り返ってみました。不動産投資を始めた当時を振り返ると、ほぼノープランでした。実際にやってみたことの積み上げで自分自身が学びながら投資を続けた結果、「不動産投資は間違いなかった」という結論があとから追いついてきていることがわかりました。

最初の不動産を購入した当時を思い返すと、「やってみないとわからない！」というパッションだけで突き進んだ気がします。つまり、決断力がすべてだったのです。

仕事から得た「決断力」

では、なぜ不動産投資を始める決断ができたのか？　そこには、私の仕事が大いに影響しています。

新卒で入社してしばらくすると、多くのコンサルタント・社会人が悩みを抱えるもの。その突破口に決断があったのです。

私が入社した当時の2009年には、まだ「働き方改革」という言葉はありません。初めてのプロジェクト出社日の業務終了時刻は午前3時。同期と未明の空を見ながらタバコを吸い、これからの30年以上にわたるサラリーマン人生に絶望したことを鮮明に覚えています。

入社後もそのような労働環境の中で、毎日、クライアントへ提出する提案書、プロジェクトアサイン後に検討する実行施策やプロジェクト計画案など、さまざまな資料を作成します。上司から何度もダメ出しされ、毎日深夜まで仕事をしました。

社内で何度も検討・レビューし、満を持して提出した提案・施策・計画をクライアントへ示しても、さまざまな背景・理由から実行されず、計画倒れに終わることもたくさんありました。

当時は若かったこともあり、

「なぜ『実行する』と決断できないんだ！」

と歯がゆい思いをしたものです。当然、クライアント側にも事情があり、大きな施策は個人の権限で進めることはできません。しかし、このジレンマ・怒り・やるせなさ・虚無感が、「自分で決断できる不動産投資」の最初の一歩を踏み出す原動力となったのです。

自分で物事を判断する際に、説明のつかない不可解な不安から逃げない。これが不動産を購入する決め手となったのです。

気づいたら始めていた不動産投資

ここで、不動産投資を始めた経緯に軽く触れておきましょう。私が不動産投資を始めたのは2011年。現在は各種のメディアで、「年収○○万円から始める不動産投資」「サラリーマンでも節税できる投資術」というような不動産投資を勧める広告を目にすることが増えました。ところが当時、不動産投資は大々的に広告されることはほとんどなく、世間一般の認知度は低いものでした。

そのため、不動産投資の話は基本的に紹介によって知りました。私は上司を介して不動産投資と外資系保険会社の2つの金融商品の営業担当に会うことになったのですが、そのとき「不動産投資をやってみよう」と直感的に決めたのです。

不動産投資に対するポジティブとネガティブな思い

ポジティブ

- 将来的な不労所得として毎月安定した収入を得られるのはうれしい
- 老後2000万円問題が解決できそう
- 子どもに資産を残せそう
- 早期リタイアができる

ネガティブ

- なんか、うさんくさい
- 借金を背負うことがこわい。この不動産会社、営業マンは悪徳じゃないの？
- 都内の物件を購入するとしても、東京の人口が減少したらどうなっちゃうの？

当時、不動産投資の情報はいまほどインターネットで収集できず、自分自身で判断しなければなりませんでした。本書の読者でも不動産投資の着手に悩んでいる方が多いと思いますが、おそらく当時の私の気持ちも同じでした。

不動産投資には上図のようなネガティブな考えとポジティブな考えがつきまといます。その狭間で逡巡する人も多いことでしょう。

このようなネガティブ・ポジティブな考えが、交互に頭に押し寄せてくるわけです。すると、「メンドクサイ」「あとで考えよう」「何を具体的にするかよくわからない」……となるものです。結局、ここで不動産投資を断念する人が多い。思考が停止しまうことが、決断力のなさにつながるのです。

個人的な感想ですが、このネガティブ・ポジティブな考えが交錯し、グルグル巡るのはとてもよいことだと思います。それは「考えていて、頭にある」証拠だからです。

それでも、一歩前へ踏み出すためには「決断力」が必要です。「投資は決断力だ！」というメインメッセージは、「メンドクサイ、あとで考えよう」でとまることなく、投資家の人へ一歩前へ踏み出すエールなのです。

コラム

コンサルタントって どんな仕事？

コンサルティング会社（コンサルタント）と聞いて、どんな仕事をイメージしますか？ 私はとてもキラキラした世界を想像して入社しました。成果実力主義で、仕事ができれば9時―18時で仕事をこなし、定時で仕事を終えると港区のオシャレなバーで飲む。いまではそんなキラキラした世界ではないことを多くの方が知っています。では、どんな現実だったのか――。

まず徹底的な機械になるための〝千本ノック〟。パワポのショートカットを一つでも多く覚え、資料づくり（といっても体裁を整える程度）のサポートです。上司・先輩がラフに書いたパワポのオブジェクトをすばやく「上下中央揃え」「左右中央揃え」にし、見た目をキレイにする。エクセルでは条件付き書式の設定や関数を多く覚え、上司・先輩に指示された表をいかに早く作成する。現実はこんなもんです。

いきなりクライアントのお偉い人に大層なプレゼンなんてできません。まずはクライアントを含めた会議の日程調整。出席しても端に座り、ひたすら議事録をとり続ける日々。その日の議事録をどれだけ素早くまとめるかの訓練です。

こんな下積みを2、3年やって、初めて後輩が自分の下につきます。でもちょっと先輩風を吹かせられる程度。自分が入社前に描いていた〝デキる〟ふうになるには相当な時間が必要です。これからコンサルティング会社に入社・転職する人はぜひ参考にしてください。

1章

外資系コンサルタントとして社会人生活をスタート

外資系コンサルタント稼業で得たもの

ちょっと変わった私を受け入れてくれた

ここで少し、自己紹介をさせていただきます。生まれは埼玉県の北西部。商店街で青果店を営む両親のもと私と妹1人の2人兄妹の長男です。幼少期は商店街のパチンコ屋・糸店・酒屋・自転車屋などの友だちと、魚釣り、ミニ四駆、エアガンでの打ち合いなどして楽しくすごしていました。

また性格は俗にいう「落ち着きのない子」で、座り続けて授業を受けることができない典型的なＡＤＨＤ（注意欠如・多動症）でした。

小学校低学年のころ、学校近くの公園に行って風景画を描く授業がありました。何を思ったのか公園に生えているザクロの木が目に入り、絵を描くことを忘れ、ひたすらザクロをほじって一日中食べていたことを何となく覚えています。いまでこそADHDは認知されるようになりましたが、私の父親は昔気質の「昭和の頑固オヤジ」で、口より先に手が出るためよく殴られました。

小学校、中学校と地元の公立ですごし、私立高校に進学。高校は大学の付属校だったのでまったく勉強はせず、成績は常に下から数えたほうが早い。高校3年時の物理はひどいもので、期末テストは12点を叩き出しました。

そんな成績ながら、大学は理系学部に進み東京に上京しました。小学校から大学までずっと〝ADHD全開〟でしたが、どの時代の友人も変わっている私を受け入れてくれ、いまも仲よくつき合ってくれます。昨今は、多様性を受け入れる時代。受け入れてもらう側としては都合がいいですが、素晴らしい考えですね！

外資系のコンサルティング会社へ就職

大学時代になっても性格は変わらず目一杯遊び倒す典型的な大学生。ふだんの授業は寝てばかり。テスト前に成績優秀な友だちから嫌な顔をされながらもノートをもらい、それだけで満足していました。

テスト前日にはもらったノートを共有しあう一夜漬け仲間と、テスト勉強を開始。しばらくして4人揃うと、「行きますか！」という声を合図に雀荘に直行し、徹夜で麻雀です。

結局勉強せずの寝不足状態で、テストはボロボロ。さらにボクシングにも熱中し、加えてバイト三昧。入学して1年も経たないうちに、完全に伸びきったゴムのようになっていました。

大学4年生になると就職活動が迫ってきます。話は脱線しますが私は留年したため、1年遅れで就職活動を始めました。また、3年生になって研究室に配属される年から研究室の実力の平準化を図るため、上位学生が選ぶ人気の研究室に成績下位の生徒を配属する措置がとられ、常に成績下位の私は成績優秀者が集まる研究室に配属されました。理系学部ということもあり多くの学生は大学院に進みますが、成績も足りない、やる気もない私には就職の一択でした。

就職活動はとりあえず受けて、受けまくり、自分のアピールポイントは元気一杯推し！　当時も外資系企業は人気で、就職活動開始時期が日系企業よりも早かったため、とりあえず外資系企業を受けました。そして現在の会社に内定し、早々に就職活動も終わらせ、残りの学生生活をエンジョイしました。

ただし、私が現在の会社から内定をもらえたことに、研究室の教授は大変驚き、「やっていけるのか」と本気で心配されたのを覚えています。

激務、ブラック、クビ……うそ偽りのない職場環境

外資系コンサルティング会社で社会人のスタートを切りましたが、「外資系コンサルティング会社」と聞くと、どんなイメージをお持ちでしょうか？　当時ネットで検索すると、かなりネガティブなワードがヒットしました。

・激務
・ブラック
・クビ

そのワードにうそ偽りないサラリーマン生活がスタートしました。入社後のいくつかのエピソードをご紹介します。

エピソード

① 初日の退社時刻は午前2時！

新人研修を終えて、私と同期1名が同じプロジェクトに配属されました。初めての仕事はクライアントに提出する成果物（パワーポイント、エクセル）の印刷とバインド作業。印刷対象の成果物は数十ファイルあり、印刷完了時にはA3キングファイル10冊ほどになっていました。

当時、納品物は紙媒体で納める時代でしたので、新入社員2名で1日中印刷して、穴あけしてファイルにバインド。印刷して穴あけしてファイルにバインド。途中でどのファイルを印刷したかわからなくなり、ファイルを見直して再度印刷して穴あけしてファイルにバインド。気づけば18時を超えていましたが、半分ほどできただけ。終わるころには午前2時になっていました。同期とヘトヘトになり真夜中の空を眺め、タバコを吸いながらお互い無言になっていました。

その1週間後に同期はその10冊近くのファイルを抱え、ダラスに飛んでいきました。同期

がダラスに飛ばされた理由は至ってシンプルで、「英語ができるから」。印刷完了後の翌日（正確には当日）にパートナー（とっても偉い人）に私と同期が呼ばれ、印刷完了の報告をした際に、パートナーより「君たち英語はイケる口？」と質問されました。私は「……」、同期は「留学経験あるのでまあ何とか」。「じゃあ、君そのファイル持って来週ダラス飛んで」

この一言で同期は翌週にはアメリカへ飛んでいきました。

帰宅時に同期に頭の悪い質問をしたのを覚えています。私が「ダラスってどんな国？　首都はどこ？」。どうやらダラスはアメリカにある州の名前のようです。

エピソード

② しばらくしても使い物にならない新卒

同期がダラスに飛び立ったあと、私は次のプロジェクトに配属されました。そこで新たに与えられた仕事はプロジェクトの進捗状況をチームリーダーへ報告する業務。プロジェクトメンバーが日々のタスクの進捗状況をエクセルに入力するので、私は朝9時に出社して前日までに入力されたエクセルの進捗状況をまとめ、11時ごろにチームリーダーに報告します。

大学は理系だったこともあり、多少はパソコンに自信がありましたが、仕事の指示の出され方が驚くほど雑!

「このファイルのこのシートに全員分の進捗状況が入力されているから、ピボッて人ごとに終わってるタスク数を出しといて」

です。

まった手が動かないまま10分ほど放心状態でいたところ、私の異変を察知した先輩が声を掛けてくれたのですが、「なんて指示されたの？」と聞かれても、「いや。なんか進捗状況を報告しろとのことです」。そこから地獄のやりとりが始まります。

先輩：「それはわかってるよ。どのファイルを見ればいいわけ？」

私　：「このファイルのこのシートらしいです」

先輩：「あー、ＯＫ。で、これ人ごとに終わったタスク数で報告するの？　それとも各自の目標タスク数に対する実績完了タスクの％で報告するの？」

私　：「あー、えッと。あー、いやちょっとわからないです」

先輩：「聞いてないのか。まあそんなに時間かからないから、タスク数と％の２つで報告すればいいんじゃない？　ピボれば瞬殺でしょ」

（私の心の声）：「そのピボるってなんだよ……。意味不明……」

先輩：「ん？　もしかしてよくわかってない？」

私　：「はい……」

先輩：「何がわからないの？」

私　：「先ほどもチームリーダーが話してたのですが、ピボるとは……」

先輩：「あー、ピボットテーブルだよ。使ったことないのか。じゃあまずはググって自分でやってみて」

いったん、ここまで数分の会話ですが、緊張のあまり1時間の体感でした。しかし、そこからさらに地獄の時間です。何とかGoogleでピボットテーブルの作成のしかたを調べて進捗報告の数値計算をしようとするのですが、不慣れな操作。そして作業のスピード感もわからないので、30分程作業しても全然進まないわけです。

しばらくして、先輩がその後の私の進み具合を確認するために来ました。

先輩：「どう？　ググってみてやり方わかった？　大丈夫そう？」

私　：「何とか……」

先輩：「ちょっと見せて……。うーん。これ11時までに終わるの？　というか何か間違ってない？　どうやって集計というか操作してんの？　まあいいや。ちょっと俺がやるから後ろで見てて」

その後の作業の速さに目が飛び出るほどの衝撃でした。

まず、エクセル使ってるのにマウス使ってない。そして、まるで機械のような手の速さ。ほんの15分ほどで終わってしまったのです。自分はいつになったらこんな風に仕事ができるようになるのかまったく想像がつかず、毎日もがいて深夜まで仕事をしていました。

エピソード③ これぞプロフェッショナルの流儀

このままではマズイと思って自分で書籍を買い、クライアント先の仕事をしていたある日のこと。プロジェクトマネージャーが私の席の前を通りすぎようとしたとき、急に立ち止まり私の書籍を目にしました。そして、本のタイトルを見られないように、黙ってカバーを裏返しにしました。

その直後、小部屋に呼ばれました。そこでプロフェッショナルの心構えを教えられることになります。

「君を1カ月雇うのにクライアントはいくら払っているのか知っているか？」

というのも私が読んでいた本は『エクセル術　超入門』（正確な書籍名は忘れました）の類の本でした。

「君を雇うのに高額なコンサルティング料金を払っているのに、〝超入門〟なんて本を読んで仕事をしていたらクライアントはどう思うだろう。プロフェッショナルとして雇われていることを肝に銘じて仕事をしなさい」

とのことでした。まさに洗礼を受けたのです。

エピソード

④

ホントに首になるんだ!!

入社して少ししてから外資系企業の過酷さを目のあたりにしました。

私が入社したのは2009年で、就職が決まった2008年にリーマンショックが起こります。世界中に不景気の波が押し寄せている時期の入社です。直後は自分のことで手一杯で、周りを気にする余裕がないまま毎日深夜まで働いていたのですが、しばらくしてプロジェクトのトップの上司が突然会社に来なくなりました。会社を辞めたのです。

先輩に聞いた話では、少し前からその上司は自分がクビになることは知っていたようで、プロジェクトが一段落したタイミングを見計らっていたのです。自分がクビになることを知りつつ仕事をしていたのかと想像すると、厳しい世界の会社に入社したのだとあらためて思い知らされました。

エピソード⑤

TAKAインパクト!!

おそらくサラリーマン人生でも、この先塗り替えられることのない最も過酷なプロジェクトに、入社2年が経過したころに配属になりました。クライアントは大手日系の電気メーカーです。社内の経理・製造・販売といった基幹業務におけるシステム刷新のプロジェクトでした。

プロジェクトに配属され、初日に出社した瞬間に「これはただごとではない」。直感的に「ヤバい!」と感じました。コンサルティング会社にお勤めの方なら誰しもが聞いたことのある、俗にいう〝炎上プロジェクト〟というやつです。

私が配属されたタイミングは基幹システムが稼働した直後で、不具合が多発し、24時間体制で人が対応している状況でした。

プロジェクトルームに入るとまず目に飛び込んできたのが、口を開けて席で寝ている同期でした。思わず声をかけて話を聞くと、どうやらここ2、3日家に帰っておらず、夜になるとプロジェクトルームの椅子を並べて仮眠しているとのことでした。

プロジェクトに配属されている人数も100名は軽く超え、システム稼働後約1カ月近く経つようですが、全員土日も出社している状態が続いていました。

そんな異様な環境のなか、プロジェクト責任者に挨拶をすませ、仕事を始めようとしたところ呼び止められました。

「君は体が丈夫そうだね。うん。いまから家に帰って寝なさい。そして夜の12時になったら再度出社してくれ。頼んだぞ」

深夜部隊に即入隊が決まりました。そのころの私の生活は毎日0時出社で18時退社。こんな生活が半年以上続きました。昼夜2交代制であれば、0時〜12時、12時〜24時のはずですが、いま思い返しても謎なシフトです。

私の仕事は日中の売上データをもとに請求書を発行する作業をひたすらさばく業務でした。私はシステムの一部、バッチ（Batch）として納品された部品のようでした。ただ残念なことに私は人です。機械ではないので、そんな労働環境で頭がもうろうとするなか、ついに〝やらかして〟しまいます。

その日に発行する請求書だけでなく数カ月先に発行する請求書までも発行し、クライアントの全国の支店へばらまいてしまったのです。

人の脳はよくできていて、あまりにも衝撃的なことがあると忘れるようになっていて、かなり記憶が飛んでいます……。

いつものように0時に出社すると、いつもより多くの人がプロジェクトルームに残っており、電話が鳴りっぱなしでした。私の姿を見た同期が駆け寄り、肩を叩き一言「やっちまったね」と。どうやらその日の朝に全国の支店にばらまいた請求書が支店から顧客に渡ってしまい、クレームの嵐、問い合わせの電話が鳴り続いていたのです。プロジェクトルームは正に地獄絵図。電話の相手から聞こえる怒鳴り声に、皆がただ謝り倒す状況でした。

そんな大惨事のネーミングが、私の名前を冠した「TAKAインパクト」。上司が名づけた名称ですが、プロジェクト内で「TAKAインパクト」と聞けば誰もが知る事故として認知されました。

数年後に当時のプロジェクトで一緒に働いた仲間と食事をしました。あの切羽詰まったプロジェクトの状況と、毎日寝不足で頭が働いていない体。

「会社で生き残ったいまの自分でも、同じ状況になったらきっと大惨事を引き起こしていたよ」

と話していました。

ざっとこんな生活ですが、

・とにかく先輩はやり手、デキる
・ついていかないと相手にされない
・乗り越えた人だけが給料や地位などの果実を得る

といったことくらいは理解できました。

外資系といってもお金がまったく貯まらない！

冗費は冗費、ムダはムダ

私が外資系企業に入社した理由の一つはなんといっても高収入。颯爽と仕事を終えて、誰もが羨むタワーマンションに帰宅し、高級外車と高級スーツが手に入る。入社前にはそんな夢を見ていましたが、人生は厳しいのが現実です。

タワーマンションも高級外車も手に入ってないのに、なぜかお金がない。実に不思議です。仕事のストレスにより謎にお金を使い、その挙句、何に使っているのか把握もしてなければ気にも留めていない。おかしいと気づくのに、だいぶ時間がかかりました。ここでは、外資系企業で働くサラリーマンのお金の使い方を少し紹介しようと思います。あくまで私個人のエピソードなので、悪しからず。

エピソード
6
食事の値段を見なくなる

金銭感覚というのは小さいところから崩れていくものです。私の場合は牛丼がそのきっかけになりました。学生時代は少しでも食費を抑えるために、牛丼を食べるにしても500円に収まるよう気にしていましたが、社会人になり「牛丼大盛り＋生卵＋豚汁＋サラダ＋牛皿追加」が基本セットになりました。なんだか大人になった気分になり、徐々に金銭感覚が崩れ、最終的には普段の食事で金額を見なくなりました。

ちなみに、次のようなメニューで皆さんならどんな選択をしますか？

お昼で入ったお蕎麦屋さんのランチセットメニュー

①カツ丼（小）＋ざる蕎麦セットで1000円

②とろろご飯（小）＋鴨南蛮蕎麦セットで1000円

自制心のきく人であれば、①か②のどちらかを選択するでしょう。ところが、当時の私の答えは、

③カツ丼単品（700円）＋鴨南蛮蕎麦単品（800円）で1500円

です。メニューを見たら何だか、カツ丼も鴨南蛮蕎麦も食べたくなったのです。ランチセットで割安なメニューを選ぶより、ただただ食べたいと思ったメニューを選び、それぞれ単品を注文するので量は多め。このままではオフィスに戻ると眠くなるので、コンビニに立ち寄り『エナジードリンク』や『フリスク』、ブラックコーヒーを購入していました。

こうなると500円、1000円がお財布から出ていっても気にしなくなります。コンビニに立ち寄れば何を買っているかわからないけど、1000円、2000円は当たり前。まだ中身が残っているフリスクの大量の箱がバックの中から出てくるのはいつものことで、退社するころには飲み残しのペットボトルが何本も机の上に並び、給湯室で捨ててから帰宅していました。

エピソード
7 スーツの買い替え3回

ストレスにより食べる量が増え、値段を見ずにメニューをオーダー。入社時には60キロ前半だった体重が、数年後には100キロほどになりました。その結果、スーツを3回買い替えることになります。

いまでこそファストファッションブランドのオフィスカジュアルアイテムを買う方も多いと思いますが、15年ほど前はジャケパンも流行り始めのころで、セットアップのスーツが主流。やっぱり上質のスーツを着たいという思いから、1着10万円以上するスーツを何着も買っては太り、買い替えては太り、を繰り返し、結局3回スーツ・ワイシャツ・コートを買い替えました。

またここまで太ると足も太るのです。靴のサイズも合わなくなり、靴も買い替えることになりました。

エピソード
8
行きはランニング、帰りはタクシー

スーツを3回買い替えるほど入社後に激太りしましたが、何もアクションを起こさなかったわけではありません。外資系コンサルティングで働く者として問題発見・原因特定・対応策を打ち立てるのです。その結果、素晴らしいアイデアがおりてきました。それは「運動（走る）でやせる！」です。

しかし、ここでも事件が起こり、無駄な出費をします。私の性格に追加情報を補足すると、よい言い方をすれば「勢いがある」、悪い言い方をすれば「加減がわからない」のです。その性格が災いとなります。

学生時代はボクシングをしており、体重60キロ台前半で毎日10km走っても平気でした。ところが、数年間運動をせず体重は100キロほどになっている状態。にもかかわらず初日から10km走る目標を設定したのです。

3日坊主に終わるかもしれないけれど、気分を高めるためにスポーツブランドのランニン

グシューズとランニングウェアを買い揃えて走り始め、おそらく7〜8km地点に差しかかったところで膝が悲鳴をあげます。そして重大なミスに気づきます。10km走るので片道5km計算となるところ、往復を考えず片道で7〜8kmまで走ってしまったのです。

普段の仕事で頭をフル回転させているため、プライベートでは頭が正常に機能していません。そのため、こんなことがよく起こっていましたが、ときすでに遅し。どうやって帰ろうかと考えていましたが、自然と道路脇で手をあげていました。

ランニングを途中であきらめ、タクシーで帰宅です。タクシーはクセになるといわれますが、社会人になってからタクシーが染みついてしまっており、気がつくとタクシーに乗ることがしばしばありました。これもお金が貯まらない原因の一つでした。

エピソード
9
3年生き残ったご褒美は高級時計

スマートウォッチは便利です。高級時計に比べると、とても安くコスパもよい。しかし私はスマートウォッチを持っていません。いままで集めてきた高級時計数本を着けなくなるのが目に見えているからです。

私が若いころは厳しい環境で3年生き残ったら、もしくは昇進したら、自分へのご褒美に高級時計を買うという〝謎の風習〟がありました。当時の上司に、

「君も何とか3年この会社で生き残ったね！　よーし。自分へのご褒美に時計買っちゃおう！」

と話をされました。いま思うとまったく意味不明ですが、なんの抵抗もなく人生で初めての高級時計を購入しました。高級時計を身に着けると不思議と気合が入る、仕事もできるよ

うな錯覚に陥る。まったくもって幻想なのですが、ここから何本も買い増していくことになりました。

少しずつ得た知識をウンチクのように他人に語り、気づけば5本まで増えていました。このお金を不動産投資に充てていれば、現在はもっと運用利回りが改善されたのでしょうが、こういったお金の使い方も古い時代の外資系コンサルティングで働くサラリーマンの象徴だったと思います。

なお、10年近く経ったころから、いわゆるZ世代の部下が下に配属されることになったのですが、コスパを重視する世代なのでしょうか、

「時計5本もいらなくないですか？　腕5本もないですよね？　スマートウォッチのほうが便利じゃないですか。その時計で駅の改札通れませんよ」

こんな貴重なご意見を頂戴しました。

私は一言「時計は男のロマンだ！」。まったく会話がかみ合わなかったようです。

エピソード
⑩
唯一の楽しみは週末の「合コン」

お金が貯まらなかった最大の原因は「合コン」です。仕事で忙殺される日々のなかで唯一の楽しみは週末（たまに金曜日も）の合コンでした。

まったくもっておバカなお金の使い方をしていました。合コンのルーティンはこの流れでした。

・0次会と称して男性陣だけで飲み始め
・1次会のお店に移動して合コン開始
・2次会にお誘いし、お許しいただいたら2次会開始（丁重なお断りを頂戴したら、次のカラオケに移動）
・男性陣だけ残り、反省会と称してカラオケに移動
・始発電車が動き出すころにお開きにするが、疲れてタクシーで帰宅

入社して数年間はほぼ毎週末、こんな生活をしていたのです。

過去を振り返り、「無駄なお金を使ったが楽しかった。経験をお金で買った」などと肯定する人もいます。個人の感想なので否定はしませんが、私の個人的な感想は無駄なお金は無駄だったと思います。

お金の活かす使い方などまったくわかっていなかったのです。

2章

フトしたきっかけで始まった
不動産投資

不動産投資のきっかけは「先輩からのお説教」

バブルの匂いを残す上司たち

不動産投資の話は、ひょんなことがきっかけで聞くことになりました。

とある金曜日のこと、夜にいつもどおり合コンの予定がありました。夕方からそわそわし始めウキウキしていると、先輩から声をかけられました。

「なんかいいことでもあったの?」

「今日、これから合コンなんですよ。ウキウキしているの、わかります?」

金曜日には高頻度で合コンに行っていたためテンションが高めな私に、先輩は少し前から気づいていたようでした。先輩いわく、わかりやすいくらい浮かれていたようで、

「もう宙に浮いてるよ。わかりやすいわ〜」

その先輩は非常に面倒見がよく、一緒に食事に行く仲だったのですが、とある日に諭されることになりました。

「楽しく週末をすごすのはいいことだと思うよ。ただ君はお金の使い方が少し荒そうだと前から思ってた。ちゃんと将来のこと考えてるか」

そんな話をされるまで染みついた浪費癖。マズいとすら思っていませんでした。

また、私が入社した時代の上司には、バブルの匂いがほのかに残る人もいて、

・熱帯魚が趣味で、設備費用やエサ代に何十万も使う人
・狂ったように定期的にマカオに行く人
・お酒が大好きで、毎晩のように仕事が終わると六本木に繰り出す人
・免許を持っていないのに、ポルシェを買っている人（奥さんが運転する）

などが結構いたのです。定期的にマカオに行く人は生粋の日本人ですが、とある日、客引きの外国人に「ボブ！　今日は寄ってかないの?」と声をかけられている姿を六本木で見かけたことがあります。彼らのお金使いの話を聞くと私よりも激しかったの

サラリーマンを続けることへの“不安”

クビになるかもしれない会社で働き続けられたとしても、この生活にずっと耐えられるか

仮に年収が同水準の会社に転職しても、忙しさは変わらない（であろう）

労働環境が少しゆるい会社に転職した場合、おそらく年収は下がると思うが、貯金や運用をまったくやっていない状態で大丈夫か

そもそもアーリーリタイヤという考えもあるが、現状からはまったく想像もつかない

など

で、「自分はまともだ」とさえ思っていました。

先輩と話すうちに、先輩の資産運用に興味を持ち始めました。先輩は不動産投資をしているようで、「自分も将来について考えないとマズいのかな」と思い始めたのです。

これが不動産投資を手がける「きっかけ」といえばきっかけです。

「サラリーマン生活」をいつまで続けるの？

先輩から将来のこと（不安）や資産運用の話を聞いてしばらくの間、徐々に「このままではマズいのでは？」という

感情が強くなってきました。先輩と会話をしたあとで、右図のような考え・不安が頭をよぎるようになったのです。

さらに、入社後ひたすらガムシャラに仕事に打ち込んできて、何よりもつらい毎日。定年60歳と考えたときに、残りのサラリーマン人生が30年以上ありました。「このまま耐えられるのか」と、何ともいえぬ不安を感じるようになったのです。

そこで何かアクションを起こさねばと思い、後日、先輩を誘って詳しく話を聞いてみることにしました。フトしたきっかけが確信に変わるといえば聞こえはよいけれど、漠然とした不安が確かな不安になり、不動産投資の門を叩いたのです。

最初に決断したときの「判断材料」

勉強するほどに実感した〝手詰まり感〟

不動産投資におけるメインメッセージは「決断力」とお伝えしました。ついに、その決断力が求められるときが来たのです。

先輩からのありがたいお説教により将来の不安を感じ、「60歳まで、または60歳以降も働かないとマズいかも?」という絶望感が日に日に増すなか、不動産投資について情報収集を始めました。本屋で不動産関連の書籍を2、3冊購入し、他の先輩も資産運用をしていないか周りの人に聞きまわり、実際に資産運用をしている人に話を聞くことにしたのです。

不動産投資の概要について、ざっくりとは理解できます。ところが、はっきりいっ

こんな「手詰まり感」に思い悩む

- 新築 / 中古とあるが、どっちがいいのかわからない。新築はプレミア価格が乗ってるため中古に比べて高いと言われるが、中古を今から買ったら将来どうなるか
- ローンで 35 年後に完済したら、新築であれば築 35 年。中古で例えば築 20 年であれば築 55 年。どっちもだいぶ古いが、入居者がつくのか。特に築 55 年ってなぜかわからないが相当不安
- サブリース / 集金代行 / 自主管理と不動産管理方法は大きく 3 パターンあるがどれがいいのか。自主管理は不動産業者に手数料を抜かれないのでよさそうだが、現実的にむずかしそう
- サブリースは業者が一定額を空室でも家賃保証してくれるというが､不動産会社に抜かれるマージンは結構高い｡また､悪徳不動産だったら会社自体が計画倒産したり飛ばれたらどうなるのか
- 集金代行の場合、空室だったら自己補填しないといけないが、空室期間ってどれくらいが一般的なのか。また賃貸づけが弱い、やる気のない不動産会社だったら、空室期間が長くなるだろう
- そもそもどれくらいの準備金が必要なのか。頭金で何百万円も必要なのか。また金利ってどれくらいとられるのか
- 将来的な出口戦略として、物件保有 / 売却のどちらがいいのか
- 購入する地域は東京なぜがいいのか。地方のほうが利回りは高いらしいが、地方はダメなのか
- マンションのほかに一棟アパートも不動産投資としてあるが、利回りが高い。ただし、購入金額がマンション一室よりも当然高いため不安だが、どうなのだろうか

て細かいところまでわからない！　情報収集も早々に手詰まりになりました。

本書を読んでいる方で、不動産投資を迷っていて勉強中の人もいるでしょう。前ページ図に挙げたような考えに陥っていて、手詰まり状態の方はいないでしょうか。

また、資産運用という何とも広範囲な聞き方をしたせいで、雑音に近い、判断を迷わせる情報まで入ってくることになりました。たとえば株や保険といった別の金融商材です。そもそも比較するものではありませんが、一気にこれらの情報が入ってきてしまうと、もうわけがわからなくなり、最後は「思考停止状態に突入！」でした。

コンサルタントとしての「行動力」がうずく

このままでは思考停止状態から抜け出せないと判断し、先輩を通して不動産投資会社の営業の方を紹介してもらい、直接話を聞くことにしました。

ここでポイントというわけではありませんが、

「**行動力**」

が重要になってきます。「なんだ、そんなことか」と思われかもしれませんが、行動力を馬鹿にしてはいけません。

多くの人が情報収集した結果、手詰まりになるかと思いますが、その先に何をしているでしょうか。

「よくわからないから、あとで考えよう」

「自分には無理そうだから、やっぱり不動産投資はやめておこう」

こういった心境に陥り、何年経っても動き出せないのではないでしょうか。その状態を「行動力に欠ける」ということもできます。

個人的な意見ですが、行動力は仕事から出てきます。

私の職業はコンサルタントで、結構多くのビジネスパーソンがコンサルタントに相談しにきますが、とたんに「魔法の杖のようにすばらしい戦略や施策が出てくる」と思う人もいるようです。確かにコンサルタントはその期待に応えるだけの高額なコンサルタント料をいただいているのですが、裏ではかなり泥臭い仕事をしています。

いわゆる、あるべき姿（To Be）をクライアントに提示するため、クライアントの業務や事情によって異なる「あるべき姿」を出すために、クライアントに直接話を聞き、足を使った情報収集で、しんみり泥臭く徹底的に現状をヒアリングするのです。机上の空論や正論だけでは、クライアントは納得しません。

不動産投資に着手するまでの過程でたとえると、書籍やインターネットで調べた情報はあくまで机上の空論。具体的な疑問を解消するためには、クライアントに徹底的にヒアリングするように、不動産会社の担当や実際に不動産投資をやっている人に話を聞くのです。

「不動産投資をやっている人に聞く」

というのがポイントです。コンサルタントの仕事でも同様ですが、現状の業務のヒアリングをするのに、その業務を実務として担当している人に聞かないと、よくわからないのです。

営業担当に直接、話を聞いてみた

さて、先輩の紹介で不動産投資会社の営業担当に話を聞くのですが、とりあえず〝疑いの眼差し〟から入ることになります。実は先輩には内密で、2、3社の不動産会社に自分で申し込んで話を聞いていたからです。

このとき私が選んだヒアリング方法は「自分で作成した質問リストに沿って、すべての営業に同じ質問をぶつける」でした。採用の場などでよく使われる「構造化面談」

です。

ただし、ここでもコンサルタントとして培った仕事のスタイルが出てきて、ざっくりとしたオープンクエスチョンは避けました。ヒアリングする際の主導権は、必ず自分が握るということです。たとえば、

「不動産投資ってよくわからないんですが、どうなんですか？」

こんな聞き方をすると、基本的に営業担当は良いことしか言わず、主導権は相手に握られます。それはあたり前です。誠実なまともな営業担当であれば、メリット・デメリット双方を説明してくれますが、デメリットはあまり伝えたくないものです。

そこで、たとえばこんな質問をします。

「金利が上昇したら、当然、金融機関への返済金額も多くなります。あなたが提示した物件だと、どれくらい収支が悪くなりますか」

ここ最近まではマイナス金利政策のあと押しもあり、不動産投資をする際の金融機関からの貸付金利は１％台中盤が多かったのですが、私が始めたころは、金利は２％台半ば～後半でした。バブルの時期は異常であまりにも金利が高かったため基準から外すとして、この２％台中盤～後半の金利がどれくらい上がったら、どれくらい返済

額にインパクトを及ぼすか、このように具体的な質問を投げたのです。

イケてる営業担当かイケてない営業担当か

ここでイケてる営業担当か、イケてない営業担当かがはっきりと見えてきます。イケてる営業担当はその場で即答し、たとえば過去の実績として事実ベースで答えてくれます。つまりデメリットであっても、しっかり答えてくれるのです。

一方、イケてない営業担当はそもそも質問に対する回答がなく、またはすべて「後日、回答します」と、その場では即答できません。さらに、

「将来、物件価値は絶対上がりますよ」

などと将来の不確定なセールストークを展開してきます。

複数の営業担当に話を聞き終わったあと、1社に絞ってさらに細かい話をうかがうことになりました。その残った会社が、先輩が紹介してくれた会社の営業担当でした。同い年で最初の1件目を購入してから13年経ちますが、いまでは友人といえるほどの関係です。

記念すべき1戸目は大田区蒲田の新築物件

「買うかどうか」は1カ月以内に決める

不動産会社は1社に絞ったのですが、すぐ購入する決断にまで至ったわけではありません。購入に至るまでの決断にはリードタイムが発生します。ここでもお伝えしたいポイントがあります。

「決断は早めに！」です。

不動産投資を検討してまだ着手していない場合、どれくらい「検討します」の期間がすぎていますか？

私の独断と偏見では「1カ月」。1カ月以上考えても、ハッキリいって答えは出ませ

一戸目の購入で悩んだこと

（当時でも）
今は物件価格が
高いと言われて
いるが、下がるまで
待ったほうが
いいのか

場所は蒲田だけど、
周りの人に聞いたら
「もっと都心（港区、中央区、
千代田区、渋谷区等）
のほうがよい」と言われた。
物件はどこがいいのか
わからない。
都心部はやっぱり高い

金利が徐々に
下がってきているよう
だが、もう少し
下がるまで待ったほうが
いいのか

やっぱり、いきなり
2,000万円の借金を
背負うことに
なるが怖い

ん。なぜなら、やってみないとわからないからです。

とはいうものの、私も決断する直前は上図のような心境でした。ちなみに1戸目に提案された物件は、東京・蒲田の新築物件です。

あれこれ考えても、答えは出ません。誰もわからないのです。不確定な将来の要素を検討材料に入れるのはナンセンスです。

「自分の足元の収入と支出をもとに、極論にならない程度でリスクがどれほどあるか」

だいぶ大雑把な表現ですが、これでしか最終的な決断はできないでしょう。

気持ち的には「強制貯蓄」の心境

当時の自分自身の状況を考えると、いまやらないと結局お金は貯まらず、不動産以外にしても資産運用はできないため、ジリ貧になることは明らかでした。また、仮に現在の会社で生き残れたとしても、いつまで働くのか。現在の支出を見直すのは正論ですが、やはり使いたい「モノ・コト」には使いたい……。

こんな複雑な心境の中で、「強制貯蓄をするぞ！」という気持ちで不動産投資の着手を決断しました。

考えとしてはいたってシンプルです。手もとにお金があると使ってしまうので、「想定するリスク込みで一定の金額は強制的に銀行口座から引き落とされれば、使いたくても使えない」と考えただけです。

いまでは不動産投資の相談をされる立場なので、相談者からは変な期待を持たれて不動産投資の経緯やポイントを聞かれます。非常に心苦しいのですが、「きっかけ、経緯は、しょせんこんなもんだよ」と、正直にお伝えしています。

えッ‼ 何となく増えていった？ 3戸の不動産

現在の不安より将来の不安のほうが勝る

性格的に、良い言い方をすれば「勢いがある」、悪い言い方をすれば「加減を知らない」――。不動産投資でも、私のその性格が如実に現れました。はれて25歳で不動産投資を始め、蒲田に記念すべき1戸目を購入しました。その勢いのまま毎年1戸ずつ買い増した結果、27歳にして3戸を所有することになったのです。

この2件目、3件目はすんなり購入しているため、少し経緯を説明しましょう。

現在の外資系コンサルティング会社に入社して丸2年が経過したころのことです。当時の外資系企業では「3年持てば一人前」といわれる時代で、私は相変わらず仕事ができなかったのですが、体力と根性で何とか日々のハードワークに耐えていました。

26歳で一つのメドである3年に達するころ、1戸目を契約した不動産投資会社で丸1年運用したわけですが、その結果はよい意味でまったく何もありませんでした。確かに節税の効果もあり、不動産会社からの家賃支払いの滞りもなく、家賃引下げの交渉もありません。

新築サブリースをネガティブに語ることもありますが、そうしたこともなかった。あれだけ購入前には不安を感じていたのに、何も起こらなかったのです。

「これなら2戸目の物件を購入してもやっていける」という、漠然とした運用実績が1戸目にはありました。そして、入社年数が経過するにつれ給与も着実に上昇。資金的にも2戸目の不安がまったくない状態でした。

さらに、当時は現状の不安というより将来の不安のほうが大きかった。1戸目の物件はこのまま放置しておいても、定年の60歳には完済され不労所得が入ってくるのですが、

「果たして1戸分の不労所得だけで将来は安泰なのか？」

という気持ちのほうが強くなったのです。

2戸目、3戸目は〝ストレス買い〟!?

2戸目を購入するタイミングは、前述した「TAKAインパクト！」の事件を起こした時期です。仕事のストレスはマックス値を計測していました。あれだけ「支出を見直さねば！」と思いながらもいっこうに減らない支出（というより増える支出）、逆に上がる年収。当時の年収は深夜の残業代も重なり1000万円近くあったため、生活水準の基準として考え、導き出された結論は、

「不動産1件では明らかに足りない！」

でした。将来もらえるかどうかわからない年金が、だいたい月20万円。それに不動産1戸の家賃収入で月8万円、どう考えても足りません。そう考えたとたん「勢いのある」性格が出て、1戸目を購入した営業担当に自分から連絡しました。

2戸目として提案された物件は、また蒲田でした。実は1戸目に蒲田で購入する際に、会社のパートナー（だいぶ偉い人です）に不動産購入の話をポロっとしたところ、そのパートナーは東京の一等地である六本木や銀座、麻布十番など外資系コンサルティングの偉い人にぴったりの好立地物件ばかりを所有していたため、蒲田在住の方に

はお伝えできないくらいに酷評されたのでした。

そんな蒲田の物件が2戸目に来るとは……。営業担当に話を聞くと、「会社として今後価値が上昇すると思われる場所に物件があり、去年に引き続き蒲田を重要地区として見ている」とのこと。よくよく考えれば、「それはそうだ」という回答でした。

しかし、ここでポイントになるのが「2件目も同じところで何か問題はないか」ということです。まだ1年しか経過していないものの、運用した結果は何も問題なし。サブリースのメリットである空室でも家賃は入ってくるスキームなので、その営業担当も「別に物件をどこに持っていようが関係ない」とのことです。

これは家賃保証ありきの前提で、家賃保証についてでは、

「サブリース会社によるトラブルで、家賃保証が打ち切られた」

「不当に金額を下げられた（しつこく下げる交渉をされる）」

といったトラブルもありそうですが、もはや〝タラれば〟を考えてもしかたない。

勢いそのままに2戸目も蒲田の物件を購入することにしました。

その契約手続きをしたときの営業担当はまさに鉄人でした。

私は当時夜勤のような仕事時間で、時間が空くのが深夜0時以降（日中は泥のよう

に寝ている）です。

「購入する！　でも契約は深夜でもいいか？」と聞いたところ、二つ返事で「伺います！」。

お店も開いていないので、深夜の1時、2時に開いている港区赤羽橋のラーメン屋で契約書に記入しました。

ここまでくると、勢いがとどまることはありません。不動産投資に着手して2戸目。2年間の運用結果は、これもまたよくも悪くもない。頭金を入れていないので、2戸分の負債総額は約4000万円で赤字のキャッシュフローですが、確定申告の還付金で戻ってくるので実質持ち出しのない状態でした。

3戸目については電話をもらって1分で購入を決定！　今度は東京都北区田端の中古ワンルームです。しかし、この田端の物件がのちのち〝問題児物件〟になるとは知る由もありませんでした。

27歳で不動産3戸のオーナーになりました。強制貯蓄を名目に「将来の不安」を解消すべく、猪突猛進で進んでいったわけです。しかし、この買い増しのしかたが、のちに出会う日本財託の田島浩作氏、「無敵の不動産投資家」といわれる村野基博氏に厳しく指摘されることは、知る由もありませんでした。

コラム

怪しい投資話にはご用心！

1戸目の不動産を購入したころのことです。大きい買い物をしたことで気が大きくなり、周りに「不動産投資を始めた」

と伝えたい気持ちが湧いていました。そんなとき、友人からこんな質問をされました。

「不動産って、もうかるの？　利回りは何％なの？」

突然の質問だったので、

「どうしてそんなこと聞くの？　だいたい4～5％くらいかな」

と返答しました。すると、

「あー。もっと儲かる投資があるよ」

と。それが牛肉投資の話でした。

友人が語るには、数十万円を子牛に投資すれば、それがA5ランクの牛に育ち、出荷するタイミングで数十倍になって数年後に返ってくるとのことでした。

いわゆる、出資者から集めた資金を配当金として回して、あたかも資金運用での利益を出資者に還元しているかのように装うポンジスキームの詐欺話です。

数年後に、牛肉投資はどうなったかと聞いてみました。すると、逃げられたようです。

「やはり、おかしな利回りの投資なんて、ありえないよね」

と、友人はぼやいていました。

私はその話を聞いたとき、即座にアヤシイと思って断っていました。まさにおかしな利回りだったからです。

数年後（友人いわく3～4年後）に利回り数百％の投資など、「あるはずがない」と直感的に判断したのです。

ただ、すすめてくれる友人に悪意なく、目をキラキラさせて話をしていました。

「育った牛肉って、どこに出荷されて、どう流通するの？」

「買い取ってくれる業者とは会ったことがあるの？」

「自分が投資した牛って公的な証拠みたいなのはあるの？　たとえば不動産でいえば登記簿とかだけど……」

などと質問しましたが、回答はすべて支離滅裂。終いには、すべての回答が、

「……だった気がする」

になっていました。

大事なのは世間一般の投資の基準を知っておくことです。たとえばアメリカの代表的な株価指数であるS&P500の投資リターンは、過去20年、30年で7％前後といわれています。

それでも高利回りなのに3～4年後に数百％というリターンは、明らかに〝おいしすぎ、おかしすぎ〟の話なのです。

3章

ホントに稼げる？　失敗しない？
不動産投資のしくみを知る

不動産投資のしくみはいたって明快

銀行からお金を借りて購入し、入居者からの家賃で返済する

不動産投資を何となく考えているけど、「しくみがよくわからない」という方もいるでしょう。そこで、不動産投資のしくみについて説明します。人によって頭金をどれだけ入れるかなど不動産投資に着手する条件は異なりますが、ざっくり説明すると、**「銀行からお金を借りて（ローンを組んで）不動産を購入し、入居者から入ってくる家賃で銀行のローンを返済する」**

これが大まかな不動産投資のしくみです。

まず左図の上段をご覧ください。「1500万円の物件をフルローン（頭金なしということ）で金利1・8％・35年間借入れする」としましょう。前提条件は次の3つです。

不動産投資の黒字・赤字のしくみ

借　金

物件価格（ローン金額）	金利	ローン期間
1,500万円	1.8%	35年

▼

返済金額
約48,000円／月

収　入

家賃（共益費込み） 55,000円 － 修繕積立金 管理費 8,000円 － 管理会社へ支払う管理費用 4,000円

▼

家賃収入
43,000円／月

・返済方法は元金均等返済と元利均等返済の2パターンがあり、ここでは一般的な元利均等返済とする
・金利は1・8％で35年間、変動なしとする（実際は変動する）
・「固定資産税」（支払う税）、「還付金・節税分」（戻ってくる税）は考慮しない

右記の条件だと、月々約4万8000円の返済です。ここだけ見ると、キャッシュフロー（手にできる現金）は赤字ということです。

次に家賃収入ですが、家賃5万5000円に対して修繕積立金／管理費、管理会社に支払う管理費用を差し引いた金額が収入になります。家賃は築古（築年数が古い物件）になれば下落しますが、ここでは据え置きとします。すると、前ページ図の下段のように計算できます。

月々の家賃収入（純収入）は4万3000円です。つまり、4万8000円の返済に対して4万3000円の家賃収入を充てるので、自分の手出し（持ち出し）は月5000円。キャッシュフローは赤字で、毎月マイナス5000円ということです。

これが不動産投資の大枠のしくみです。

不動産投資の損得は実質利回りを見て判断

わかりやすい金融投資の実質利回り

不動産投資に限らず、投資に関しては必ず「利回り」を確認します。利回りとは「投下した原資に対して、年間どれくらいのリターンがあるか」という指標です。

投資としてなじみがあるのは、おそらくＳ＆Ｐ５００でしょう。アメリカの代表的な企業５００社を対象に、その株価をもとに算出された株価指数です。安全で長年積み立てるにはよい指数だといわれています。

その投資リターンは過去20年、30年で約７％前後。つまり１００万円を投入しておけば、１年後には約１０７万円になるわけです。

しかし、投資ではコストや手数料といった費用がかかります。結局これらを差し引

金融資産の利回り

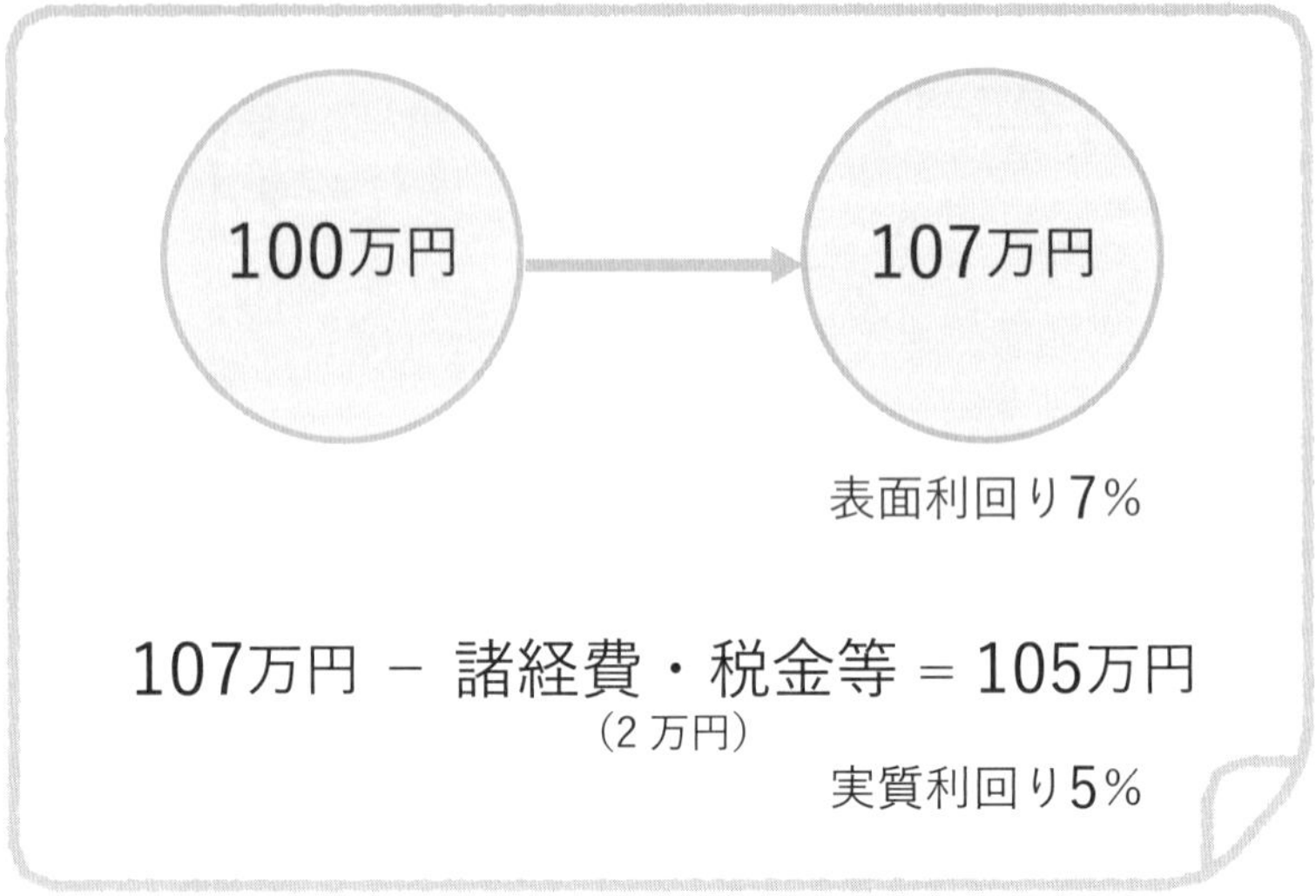

いた純粋の手取りで確認しなければなりません。投資額に対する純粋な利益の率を、「**実質利回り**」といいます。言葉だけではわかりにくいので、S&P500を例にとって説明しましょう（上図参照）。

・100万円を投入して1年後に107万円になったら、表面利回りは7%

・この7万円に、税金20%の1・4万円+証券会社の手数料を仮に0・6万円（計算上わかりやすい数字にしています）が費用としてかかるとすると、107万円-2万円となり、得られるキャッシュは105万円

・実質利回りは100万円の投資で105万円を得られるので、5%

少し複雑な不動産投資の利回り計算

株や債券などの実質利回りは、税金と証券会社の手数料を純粋利益から引けばよいのでわかりやすいのですが、不動産投資ではこの費用の部分の考え方が少し複雑になります。

まず先ほどの1500万円の物件を例に、表面利回りを計算してみましょう（次ページ図参照）。家賃収入は月に5万5000円ですから、年間収入は12カ月を掛けて66万円となります。この66万円に対して、物件の1500万円を割り戻した数字が表面利回り。66万円÷1500万円で0・044。つまり4・4%です。

次に実質利回りの計算です。5万5000円の家賃収入に対して、修繕積立金・管理費の合計8000円と、管理会社へ支払う管理費4000円を合わせて1万2000円の費用がかかります。その費用合計額を差し引いた4万3000円が、実際に得られる家賃収入です。

年間にすると、51万6000円。それを購入額の1500万円で割ると、0・

不動産投資の利回り計算

物件価格
1,500万円

年間の家賃収入

5万5,000円×12＝66万円
66万円÷1,500万円＝0.044
＝表面利回り4.4％

年間の実質家賃収入

66万円－諸費用＝51万6,000円
（1万2,000円×12）

51万6,000円÷1,500万円＝0.034
＝実質利回り3.4％

034、すなわち3・4％です（右図参照）。

本当は初期費用として不動産会社に支払う仲介手数料、税金としては不動産取得税、毎年納める固定資産税などがあります。ここでは実質利回りの計算をわかりやすくするため、省きました。

なお、この表面利回りや実質利回りを少しでもよく見せようと、悪徳業者はアノ手コノ手を使って隠してくるのです。次のような手口があります。

①「利回り、いいですよ」などと語り、表面利回りしか見せない（実質利回りを隠す）

②実質利回りにおける費用の部分を、隠しリスクとしてきちんと伝えない

①についてはわかりやすいのですが、②については少し解説しましょう。

（A）修繕積立金と管理費で8000円

（B）管理会社へ支払う管理費は4000円

とすると、

・1万2000円の費用がかかる

ここまでは説明しましたが、「（A）が異常に安く、（B）を高い数字で出してくる」場合があるのです。（A）の修繕積立金は年数が経つと、確実に上がります。管理費も世の中がインフレで推移していけば人件費も上がり、管理費も上がると思っておいたほうがいいでしょう。つまり（A）の費用は低いタイミングで始めてもみるみる上がっていき、総額は増えるのです。

キャッシュから差し引かれる費用が増えれば、実質利回は低下します。（A）が4000円、（B）が8000円として、開始時点の費用は1万2000円で同じだったとしても、将来的なリスクは増え、純粋な収入が減るということです。

「物件の利回りを確認する際は、実質利回りを見よ」とは「費用の内訳を見よ」ということです。

ただ、「見たところでわからない」という人もいるでしょう。その場合は、

「数を多く見ろ！」

これしかありません。少し話が飛躍しすぎる感じがするかもしれませんが、管理費や修繕積立金がどれくらいなら妥当なのかを判断するには数多くの物件を見る必要があります。私はだいたいの築年数と総戸数で修繕積立金の〝感覚値〟を持っています

が、その金額を出すと、額が〝一人歩き〟する可能性があるので控えます。私自身も何十、何百という物件を見て培った感覚値なので、必ずしもこれが正解という確証はありません。皆さんも、たくさんの物件広告などを見れば、おそらくこの感覚値は養われることでしょう。

ここでお伝えしたいのは、

「明らかにおかしな数字の実質利回りの物件は排除する。投資対象にしない」

ということです。悪徳業者は異常に高い利回りのほか、おいしい条件をチラつかせてきます。しっかりと自分自身の判断基準を養いましょう。

赤字でも始めたほうが断然おトク？

どう始めるかは「年齢による」

不動産投資を始めるにあたって、

「キャッシュフローがマイナス（赤字）なのは気になる……」

という人もいるでしょう。確かに不動産投資のしくみを説明した際の条件は「頭金なしのフルローン」でした。この条件だと、基本は赤字のキャッシュフローで始めることになります。

このことについてしっかり言及しておく意味は、

「およそ世の中、そんな甘い話はない」

ということです。そもそも銀行からフルローンでお金を借りて、すなわち自分の身銭を切らない状態で、もうかる話があるかということです。そんなおいしい話はありません。「そんなことはないよ」という営業担当者もいますが、それこそ悪徳不動産会社です。そういった不動産会社からの物件情報を見ると、その立地や物件では得られない家賃設定を提示されることがあります。

では、プラス（黒字）のキャッシュフローで不動産投資を始めるにはどうしたらよいのでしょうか。答えは単純に、

「頭金を入れる」

です。初めての不動産投資をプラスのキャッシュフローで開始したいと思うのは当然で、私もマイナスで始めるよりもプラスで始めたほうがいいと思います。しかし、私自身がそうであったように、払いたくても払う頭金がないタイミングもあります。

では、不動産投資をしたらダメなのか――。何とも歯切れの悪い回答になりますが「年齢による」のです。

「赤字で始まる不動産投資でもＯＫ」の条件

赤字で不動産投資を始めてもよいケースとは「年齢による」のですが、その条件に

は次の2つがあります。

①若い年齢で不動産投資を始める
②将来的に繰上げ返済でキャッシュを投下できる見込みがある

この2つの条件がそろえば不動産投資を赤字で始めてもよいと考えます。

この2つは

「時間を味方につける」

ということになります。実は私がこの条件に適ったケースでした。少し説明を加えましょう。

「①若い年齢で不動産投資を始める」人については、仮に25歳で不動産投資を始めて35年のローンを組んだとしましょう。人生100年時代といわれるなか、今後、定年退職の年齢も徐々に上がっていく可能性はありますが、ここでは60歳での定年退職を前提とします。

25歳で不動産投資を始めれば、60歳にはローンを完済できます。つまり、60歳からは家賃収入という不労所得が得られます。例で紹介したケースでは、毎月５０００円×12カ月＝毎年６万円を35年間払えば、60歳から家賃収入という不労所得が確保できるということです。

当然25歳よりあとに不動産投資を始めれば、完済時期は後ろ倒しになります。不労所得を得られる時期も遅くなりますが、なるべく早い年齢のうちに不動産投資に着手すれば、働ける期間中に残債（借入残高）を減らすことができるのです。

60歳時点で残債があったとしても、残債額によっては退職金を充てることで完済することが可能です。早い年齢で不動産投資に着手すればするほど、60歳時点で充てる退職金の金額も少なくすむのです。

一方で、たとえ金額は少なくても退職金を残債に充てるのは抵抗感があるという人もいるでしょう。そこで私は「②将来的に繰上げ返済でキャッシュを投下できる見込

赤字でも不動産投資を始めてもいい2つの場合

①若い年齢で不動産投資を始める

②将来的に繰上げ返済でキャッシュを投下できる見込みがある

- (a)返済期間を短縮する
- (b)毎月のキャッシュフローを改善(赤字→黒字)する

みがある」ことも条件にしています。不労所得を得たい年齢（たとえば60歳）までにキャッシュを投下することで、次の2パターンが生まれます。

(a)返済期間を短縮する

(b)毎月のキャッシュフローを改善（赤字→黒字）する

これらについては後述しますが、いずれも若い年齢だからこそ可能な戦略です。年齢が若ければ、基本的には将来的に年収は上がっていきます。そのため、将来的にキャッシュを不動産に充てることが現実的に可能となるのです。

ところが、たとえば50歳、55歳と残り

の働ける期間が短い年齢で、「頭金なし」「将来的に投下するキャッシュのアテもない」となると、60歳以降も働き続けなければなりません。不労所得で悠々自適な老後を夢見た不動産投資のために、老後も働くことになるのです。

これでは本末転倒です。

「時間を味方につける」を数字で実証する

長期の返済とキャッシュフローの関係

不動産投資のコツとして、「時間を味方につける」といった表現をすることがあります。この意味を、実際の数字で解説しましょう。例として1500万円の物件で不動産投資を開始したケースを用います。シミュレーションは以下のとおりです。

シミュレーションの条件

(1)返済について

・物件価格1500万円、頭金なし、金利1・8%、ローン期間35年

※元利均等返済とする

頭金なしのフルローンで始めた場合の「最初の１年間の残債」

返済回数・月	返済額	元金分	利息分	借入残高
1	48,163	25,663	22,500	14,974,337
2	48,163	25,702	22,461	14,948,635
3	48,163	25,741	22,422	14,922,894
4	48,163	25,779	22,384	14,897,115
5	48,163	25,818	22,345	14,871,297
6	48,163	25,857	22,306	14,845,440
7	48,163	25,895	22,268	14,819,545
8	48,163	25,934	22,229	14,793,611
9	48,163	25,973	22,190	14,767,638
10	48,163	26,012	22,151	14,741,626
11	48,163	26,051	22,112	14,715,575
12	48,163	26,090	22,073	14,689,485

※固定資産税等は考慮しない

(2)家賃収入について

・家賃5万5000円、経費（修繕積立金等）月1万2000円
・キャッシュフロー（純粋手取りの収入）は月4万3000円

上表は頭金なしのフルローンで不動産投資を始めた場合の「最初の1年間の残債（借入残高）」の推移です。

初回返済の月を2025年1月とした場合の1年間分の返済予定の推移を確認してみます。初年度は残債がいちばん多いため、利息が当然いちばん高くなります。ところが、年間で残債（元本）が約31万円減ります（1500万円－

1469万円)。つまり、年間約6万円の赤字キャッシュフロー〈(4万3000円－4万8163円)×12カ月〉でも、残債は年間31万円減ることになります。

頭金なしのフルローン、35年の推移

次に、フルローンで35年間返済し続けた場合の年間ごとの残債推移を見てみましょう(次ページ表参照)。年間12カ月×35年間なので全420回払いですが、表は毎年12月を抽出した35年分の推移です。

この場合、収入である家賃4万3000円を約4万8000円のローンの返済に充てるので、毎月5000円の赤字キャッシュフローとなります。すると、月マイナス5000円×12カ月×35年間で、210万円を払うと完済になります。ちなみに、銀行に払う利息はフルローンの場合は、35年間トータルで約520万円です。

仮に、25歳で不動産投資を始めると、60歳定年までの35年間で210万円を払うことができれば、60歳から月4万3000円の不労所得を得られます。60歳定年までの35年間で210万円を払うことは、繰り返すと年間にして6万円で月5000円の出費。きちんとした会社に勤め、毎月、一定の給料が支払われる勤め人にとって、完済

頭金なしのフルローンで始めた場合の「35年間の残債（借入残高）」

返済年数	返済回数	返済額	元金分	利息分	借入残高	前年比減少分
1	12	48,163	26,090	22,073	14,689,485	310,515
2	24	48,163	26,564	21,599	14,373,335	316,150
3	36	48,163	27,046	21,117	14,051,448	321,887
4	48	48,163	27,537	20,626	13,723,718	327,730
5	60	48,163	28,036	20,127	13,390,040	333,678
6	72	48,163	28,545	19,618	13,050,305	339,735
7	84	48,163	29,063	19,100	12,704,404	345,901
8	96	48,163	29,591	18,572	12,352,225	352,179
9	108	48,163	30,128	18,035	11,993,653	358,572
10	120	48,163	30,675	17,488	11,628,574	365,079
11	132	48,163	31,231	16,932	11,256,869	371,705
12	144	48,163	31,798	16,365	10,878,419	378,450
13	156	48,163	32,375	15,788	10,493,101	385,318
14	168	48,163	32,963	15,200	10,100,788	392,313
15	180	48,163	33,561	14,602	9,701,354	399,434
16	192	48,163	34,170	13,993	9,294,673	406,681
17	204	48,163	34,790	13,373	8,880,612	414,061
18	216	48,163	35,422	12,741	8,459,033	421,579
19	228	48,163	36,065	12,098	8,029,804	429,229
20	240	48,163	36,719	11,444	7,592,785	437,019
21	252	48,163	37,386	10,777	7,147,834	444,951
22	264	48,163	38,064	10,099	6,694,809	453,025
23	276	48,163	38,755	9,408	6,233,561	461,248
24	288	48,163	39,458	8,705	5,763,942	469,619
25	300	48,163	40,175	7,988	5,285,799	478,143
26	312	48,163	40,904	7,259	4,798,979	486,820
27	324	48,163	41,646	6,517	4,303,324	495,655
28	336	48,163	42,402	5,761	3,798,673	504,651
29	348	48,163	43,171	4,992	3,284,863	513,810
30	360	48,163	43,955	4,208	2,761,728	523,135
31	372	48,163	44,753	3,410	2,229,096	532,632
32	384	48,163	45,565	2,598	1,686,797	542,299
33	396	48,163	46,392	1,771	1,134,656	552,141
34	408	48,163	47,234	929	572,494	562,162
35	420	48,293	48,221	72	0	572,494

まで赤字キャッシュフローで放置しておいてもたいして問題ない金額でしょう。

途中でキャッシュを投下するとどうなる？

では次に、返済期間の途中でキャッシュを投下した場合を見てみましょう。キャッシュを投下した場合として、次の2パターンがあると前にお伝えしましたが、それぞれ数字で見ていきます。

いずれのパターンでも不動産投資を始めて10年経過後に200万円を繰上げ返済するとします。

パターン1　返済期間を短縮する

10年後の残債約1163万円に200万円の繰上げ返済することで、約963万円の残債となります（100ページ表参照）。毎月の返済額約4万8000円のままにした場合、返済期間が約5年短縮されます。これが期間短縮型です。

パターンII　毎月のキャッシュフローを改善する

こちらもパターンIと同様に、10年後の残債約1163万円に200万円の繰上げ返済することで、約963万円の残債となります。ただし、返済期間をそのまま（残り25年間）にします。すると毎月の返済額が約4万円となり、実質的な家賃収入が4万3000円のため、毎月プラス3000円にキャッシュフローが改善されます（101ページ表参照）。これがキャッシュフロー改善型です。

期間短縮型とキャッシュフロー改善型のどちらを選択するかは人それぞれです。正解はありません。

お勧めは「キャッシュフロー改善型」

なお、私はキャッシュフロー改善型を勧めます。選択肢の自由度が違うからです。期間短縮型にしてしまうと、返済期間は前倒しできますが、事例のケースでは完済するまで赤字です。一方、キャッシュフロー改善型であれば、少ない額ですがキャッシュフローがプラスになるため、心理的にも楽でしょう。

そして、なぜ「若いうちに」という条件をつけたか、です。これは、至極あたり前。

10年後に200万円を繰上げ返済し、借入期間を短縮する

返済年数	返済回数	返済額	元金分	利息分	借入残高
1	12	48,163	26,090	22,073	14,689,485
2	24	48,163	26,564	21,599	14,373,335
3	36	48,163	27,046	21,177	14,051,448
4	48	48,163	27,537	20,626	13,723,718
5	60	48,163	28,036	20,127	13,390,040
6	72	48,163	28,545	19,618	13,050,305
7	84	48,163	29,063	19,100	12,704,404
8	96	48,163	29,591	18,572	12,352,225
9	108	48,163	30,128	18,035	11,993,653
10	120	48,163	30,675	17,488	11,628,574
			キャッシュ200万円を投下→		**9,628,574**
11	132	48,143	34,259	13,884	9,222,266
12	144	48,143	34,880	13,263	8,807,132
13	156	48,143	35,514	12,629	8,384,463
14	168	48,143	36,158	11,985	7,954,122
15	180	48,143	36,814	11,329	7,515,972
16	192	48,143	37,482	10,661	7,069,870
17	204	48,143	38,163	9,980	6,615,669
18	216	48,143	38,855	9,288	6,153,227
19	228	48,143	39,561	8,582	5,682,392
20	240	48,143	40,279	7,864	5,203,011
21	252	48,143	41,010	7,133	4,714,930
22	264	48,143	41,754	6,389	4,217,991
23	276	48,143	42,512	5,631	3,712,032
24	288	48,143	43,283	4,860	3,196,892
25	300	48,143	44,069	4,074	2,672,401
26	312	48,143	44,869	3,274	2,138,392
27	324	48,143	45,683	2,460	1,594,690
28	336	48,143	46,512	1,631	1,041,120
29	348	48,143	47,356	787	477,503
30	358	48,161	48,089	72	0

10年後に200万円を繰上げ返済し、キャッシュフローを改善する

返済年数	返済回数	返済額	元金分	利息分	借入残高
1	12	48,163	26,090	22,073	14,689,485
2	24	48,163	26,564	21,599	14,373,335
3	36	48,163	27,046	21,117	14,051,448
4	48	48,163	27,537	20,626	13,723,718
5	60	48,163	28,036	20,127	13,390,040
6	72	48,163	28,545	19,618	13,050,305
7	84	48,163	29,063	19,100	12,704,404
8	96	48,163	29,591	18,572	12,352,225
9	108	48,163	30,128	18,035	11,993,653
10	120	48,163	30,675	17,488	11,628,574
				キャッシュ200万円を投下→	**9,628,574**
11	132	39,886	25,864	14,022	9,322,172
12	144	39,886	26,334	13,552	9,008,757
13	156	39,886	26,812	13,074	8,689,650
14	168	39,886	27,298	12,588	8,364,754
15	180	39,886	27,794	12,092	8,033,962
16	192	39,886	28,298	11,588	7,697,166
17	204	39,886	28,812	11,074	7,354,256
18	216	39,886	29,335	10,551	7,005,124
19	228	39,886	29,867	10,019	6,649,656
20	240	39,886	30,409	9,477	6,287,735
21	252	39,886	30,961	8,925	5,919,246
22	264	39,886	31,523	8,363	5,544,068
23	276	39,886	32,095	7,791	5,162,083
24	288	39,886	32,678	7,208	4,773,164
25	300	39,886	33,271	6,615	4,377,186
26	312	39,886	33,875	6,011	3,974,021
27	324	39,886	34,489	5,397	3,563,542
28	336	39,886	35,115	4,771	3,145,611
29	348	39,886	35,753	4,133	2,720,093
30	360	39,886	36,402	3,484	2,286,853
31	372	39,886	37,062	2,824	1,845,751
32	384	39,886	37,735	2,151	1,396,644
33	396	39,886	38,420	1,466	939,385
34	408	39,886	39,117	769	473,828
35	420	39,708	39,649	59	0

たとえば、25歳、30歳と若い年齢の場合は、これから給与が上がる可能性と下がる可能性のどちらが大きいでしょうか。一方、50歳、55歳という年齢の場合は、これから給与が上がる可能性と下がる可能性のどちらか大きいでしょうか。答えは「若い年齢のうち」でしょう。

さらに10年後に200万円のキャッシュで繰上げ返済するためには、年間20万円、月に約1万7000円×10年貯めることになります。それが実行できるのは、どちらの年代でしょう？　これも「若さがもたらす自由度」といえます。

10年間毎月コツコツ貯めた200万円を繰上げ返済に勇気をもって投入することを想像してください。頭ではわかっていても、年齢が高くなると、どうしても躊躇するもの。まさに、

「年齢による〝決断力〟」の違いなのです。

不動産の価格が下がるまで投資は待ったほうがいい？

待ったほうがいい場合

不動産投資の相談を受けると、必ずといっていいほど聞かれる質問があります。「いまは不動産価格が高いので、下がるのを待ったほうがいいか」です。確かに不動産価格は長い期間で見ると上がっています。ひと昔前に聞かれた「億ション」は超富裕層しか買えないと思われていましたが、昨今は1億超えなんてザラにあります。港区・中央区・渋谷区・千代田区などでは1億では到底収まらない金額の物件をよく目にします。私の勤める会社でも億ションを10年ほど前に購入したパートナーがいて、「夢があるな～」と周囲をざわつかせたものです。

価格が上昇すると不動産投資が怖くなるのは当然とは思うものの、「下がるまで待ったほうがいい」という先の質問に対する不動産会社の営業担当者もずいぶん大雑把にしか答えてくれません。

「いま買わないと、絶好の機会を逃しますよ！」――

これは彼らの常套句。うそではないけど自信満々に語られると、何とも胡散くさい感じがします。

私は不動産投資（自分自身が住むための不動産購入も含め）で待ったほうがいいことは「ある」と思います。それは、「**現時点でローンを組んで、将来的にある時点の残債を下回るような物件があれば、待ち**」ということです。

5年待ったときのシミュレーション

1500万円の物件を例に、具体的な数字で見ておきましょう（次ページ表参照）。

返済条件は次のとおりです。

・物件価格1500万円
・頭金なし
・金利1・8％

頭金なしのフルローンで不動産投資を始めた場合の「35年間の残債（借入残高）」

返済年数	返済回数	返済額	元金分	利息分	借入残高	前年比減少分
1	12	48,163	26,090	22,073	14,689,485	310,515
2	24	48,163	26,564	21,599	14,373,335	316,150
3	36	48,163	27,046	21,117	14,051,448	321,887
4	48	48,163	27,537	20,626	13,723,718	327,730
5	60	48,163	28,036	20,127	13,390,040	333,678
6	72	48,163	28,545	19,618	13,050,305	339,735
7	84	48,163	29,063	19,100	12,704,404	345,901
8	96	48,163	29,591	18,572	12,352,225	352,179
9	108	48,163	30,128	18,035	11,993,653	358,572
10	120	48,163	30,675	17,488	11,628,574	365,079
11	132	48,163	31,231	16,932	11,256,869	371,705
12	144	48,163	31,798	16,365	10,878,419	378,450
13	156	48,163	32,375	15,788	10,493,101	385,318
14	168	48,163	32,963	15,200	10,100,788	392,313
15	180	48,163	33,561	14,602	9,701,354	399,434
16	192	48,163	34,170	13,993	9,294,673	406,681
17	204	48,163	34,790	13,373	8,880,612	414,061
18	216	48,163	35,422	12,741	8,459,033	421,579
19	228	48,163	36,065	12,098	8,029,804	429,229
20	240	48,163	36,719	11,444	7,592,785	437,019
21	252	48,163	37,386	10,777	7,147,834	444,951
22	264	48,163	38,064	10,099	6,694,809	453,025
23	276	48,163	38,755	9,408	6,233,561	461,248
24	288	48,163	39,458	8,705	5,763,942	469,619
25	300	48,163	40,175	7,988	5,285,799	478,143
26	312	48,163	40,904	7,259	4,798,979	486,820
27	324	48,163	41,646	6,517	4,303,324	495,655
28	336	48,163	42,402	5,761	3,798,673	504,651
29	348	48,163	43,171	4,992	3,284,863	513,810
30	360	48,163	43,955	4,208	2,761,728	523,135
31	372	48,163	44,753	3,410	2,229,096	532,632
32	384	48,163	45,565	2,598	1,686,797	542,299
33	396	48,163	46,392	1,771	1,134,656	552,141
34	408	48,163	47,234	929	572,494	562,162
35	420	48,293	48,221	72	0	572,494

5年間待ってでも着手したほうがよい例

2025年

物件価格	1,500万円
築年数	30年
金利	1.8%

VS.

2029年

物件価格	約1,340万円以下
築年数	35年以下
金利	1.8%以下

・ローン期間35年

たとえば上図のように5年待ったとしましょう。1500万円から約160万円の残債が減ります。すると、5年後に10%以上の価格の下落があれば「待ってもよい」ということです。ただし、築年数も考慮しなければなりません。

つまり5年後の2029年には、図の右側に示した数字以下の物件なら「待ってもよい」と考えます。ただし、価格や金利の兼ね合いもあるため、すべてが下回っていなくてもかまいません。

たとえば、5年後に金利が2・2%に上がったとしましょう（左上図参照）。物件価格が1340万円を下回る

5年後に金利が2.2%になった場合

2025年	
物件価格	1,500万円
築年数	30年
金利	1.8%

VS.

2029年	
物件価格	1,270万円
築年数	35年
金利	2.2%

１２７０万円であれば、ほぼトントンという計算です。

なお、この場合の返済表は次ページ表のようになります。

このケースだと、５年遅く不動産投資に着手したため、完済時期も30年後に設定しました。すると、返済額は月に約４万８０００円と、ほぼ同額になります。つまり金利が２・２％に上がったとしても、不動産価格が１２７０万円であれば、５年前に始めた条件とほぼ同じということです。

ここで悩ましいのは、金利１・８％の同条件でも、５年後に物件価格が10％以上も下がることを現時点で読めるか、と

5年待って不動産投資を始めた場合の借入残高

返済年数	返済回数	返済額	元金分	利息分	借入残高
1	12	48,222	25,447	22,775	12,397,692
2	24	48,222	26,012	22,210	12,088,668
3	36	48,222	26,590	21,632	11,772,774
4	48	48,222	27,181	21,041	11,449,862
5	60	48,222	27,785	20,437	11,119,775
6	72	48,222	28,403	19,819	10,782,352
7	84	48,222	29,034	19,188	10,437,429
8	96	48,222	29,679	18,543	10,084,840
9	108	48,222	30,339	17,883	9,724,417
10	120	48,222	31,013	17,209	9,355,984
11	132	48,222	31,702	16,520	8,979,364
12	144	48,222	32,407	15,815	8,594,374
13	156	48,222	33,127	15,095	8,200,828
14	168	48,222	33,863	14,359	7,798,536
15	180	48,222	34,616	13,606	7,387,304
16	192	48,222	35,385	12,837	6,966,933
17	204	48,222	36,171	12,051	6,537,220
18	216	48,222	36,975	11,247	6,097,957
19	228	48,222	37,797	10,425	5,648,931
20	240	48,222	38,637	9,585	5,189,925
21	252	48,222	39,495	8,727	4,720,721
22	264	48,222	40,373	7,849	4,241,090
23	276	48,222	41,270	6,952	3,750,801
24	288	48,222	42,188	6,034	3,249,615
25	300	48,222	43,125	5,097	2,737,291
26	312	48,222	44,083	4,139	2,213,581
27	324	48,222	45,063	3,159	1,678,234
28	336	48,222	46,065	2,157	1,130,989
29	348	48,222	47,088	1,134	571,583
30	360	47,965	47,878	87	0

いうことです。

株式投資に「頭と尻尾はくれてやれ」という名言があります。不動産においても同じことがいえるのではないでしょうか。

最安値で買い、最高値で売るという考えを不動産投資で重視している人もたくさんいますが、それほどうまくいくかは誰もわかりません。少なくとも私はまったく自信がない。私自身、不動産価格の下落を待ち、購入のタイミングを後ろ倒しにしたケースは一度もありません。

また、そもそも売却によりキャピタルゲインを求める不動産投資を私はしていないのです。

〝出口戦略〟は売却か保有か

損しなければ、どちらも正解

不動産投資の出口戦略には大きく分けて2つあります。

①完済して毎月収入を得る

②売買によってキャピタルを得る

私は投資では、

「**結果的に損しなければ勝ち**」

と考えています。したがって不動産投資の出口戦略にしても、損しなければ「どちらも正解」です。

しかし、強いて選択するとしたら不動産投資では、①の

「完済して毎月収入を得る」

を是とします。それは、なぜでしょうか。

一時的に得られる金額の大きさでいえば、「②売買してキャピタルを得る」ほうが額は大きいでしょう。ところが長い目で見れば、得られる金額が大きいのは圧倒的に①だからです。

不動産を保有すると、「売ってください」と不動産業者から電話やハガキが来ます。「残債金額に200万、300万円プラスで買いとりますよ」といった具合に、買いとろうとしてくるのです。「ウチは500万円プラスで買いとります」なんて、いきなり電話で話してくる怪しい業者もいます（実際に売ったことはないのでホントに500万円プラスで売れるかはわかりません。まあうそでしょう）。

では仮に売却して、500万円のキャピタルを得たとしましょう。確かに一時的に500万円のキャピタルを得れば、すばらしいことです。ところが、完済したあとの不労所得で、500万円は10年も満たずに得られます。

たとえば、完済後に毎月5万円、毎年60万円の不労所得を得るとしましょう。8年×60万円で480万円の収入が入ります。9年目以降も不動産を持ち続ければ、不労所得を続けて得ることができ、500万円を超えます。すなわち、目先の一時的な利益に目がくらみ、将来さらに得られる利益を捨てることになるのです。

売却で得たキャッシュを繰上げ返済に充てる

売買によって得られたキャピタルをキャッシュにして、「そもそも何に使うか」という問題もあります。仮に500万円を得られたとしましょう。もちろん、売買で得たキャッシュを何に使うかは、人それぞれの自由です。欲しいものを買うか、株式投資など別の金融商品に充てるか、何に使うのかを考える必要はありますが……。

ただし、唯一、売買によるキャッシュの使い道として私がお勧めするのは、残債がある複数の不動産を保有していたら、その不動産の繰上げ返済に充てることです。不動産で得たキャッシュを不動産に充て、毎月得られる不労所得を確定するのです。

これは仮に売った場合にどうするかという話ですが、私はあくまでも、「**不動産は持ち続けて完済をめざす**」ことをお勧めします。不動産は売った時点でそれ以上の利益は生み出しません。長く安定的な不労所得を得る選択肢を選ぶべきです。

それでも不安な人は現在の収入と支出を確認する

「いま」がわからなければ、「将来」は見通せない

ここまでは不動産投資のしくみや多くの人が気になっている疑問にお答えしてみました。ただ、それでも不動産投資に不安を抱える人はいるでしょう。そのような人は、一度現在の収入と支出を確認し、自分の足もとを見ていただきたいと思います。なぜなら、自分自身の収入と支出をきちんと確認できないまま不動産投資の相談をする人がとても多いからです。

私に不動産投資の相談をしに来る人の多くは、そのしくみなど大枠を理解しているかもしれません。ところが結局、不動産投資に着手するだけの余力があるかどうか、よくわかっていない人が多いのです。

自分自身のことがよくわかっていない状態で、不動産という大きな買い物をするのであれば、不安になるのは当然です。

また、把握しているという人であっても、かなり大雑把にしか計算していないことがあり、自分でもわからない〝謎の使途不明金〟の支出が多いという人も結構います。

正しく貯め正しく使う。これができれば不動産投資家になれる!!

まず次ページ図のように収入と支出をしっかり計算してみましょう。

いくら好条件の物件が出たとしても、着手するのにいくらかかるか、物件が空室になったときにランニングコストとして内装修繕費にどれくらいかかるか、など支出の想定をしつつ、現時点でそれら支出をまかなえるだけの余剰金があるかどうかを確認してみるのです。

さらに、無駄な支出がないかも併せて検討してください。

自分の収入の将来的な伸びしろや、いつ結婚するか? 子どもは何人ほしいか? 家はいくらくらいの自宅を買うか、または賃貸とするかなど、将来設計を加味した収入と支出もシミュレーションしておくと、なおよいでしょう。

いまの自分の収入と支出の計算

収入

給与	400,000円

支出

家賃	150,000円
食費	40,000円
水道光熱費	20,000円
携帯・インターネット	15,000円
交際費	30,000円
車ローン	30,000円
×××	×××円
×××	×××円

不動産投資では、買っていない状態で運用をシミュレーションしても、〝捕らぬ狸の皮算用〟です。もっとも必要なシミュレーションは、将来の見通しも含めた自分の収入と支出なのです。

コラム

不動産投資 誰に相談する？

読者にお聞きしたいことがあります。きっと不動産投資や投資全般に興味があると思いますが、「投資する際に誰に相談をするか」です。

最近、不動産投資を検討している方から話を聞きたいと相談を受けることがあります。そのとき、「いろいろな人に話を聞いてみたい」という方がいます。そんな人に向けて必ず伝えていること、それは「不動産投資に失敗している人や親には相談しないほうがいい」、です。

我々の親世代の多くがバブルを経験していますが、当時、不動産投資に手を出して失敗している話はよく聞きます。必ず「やめたほうがいい」といわれるのは目に見えているからです。

常々、不思議に思っていることがあります。株式投資については割と成功している人に話を聞く傾向がありますが、不動産投資になると失敗した人に話を聞きがちだということです。

きっと、それは「不動産投資はアヤシイ」という負のイメージが先行しているからでしょう。負のイメージが先行すると、人はどうしても疑心暗鬼になり、成功した人より失敗した人に話を聞きがちです。

「確かにうまくいくはずがない」と、妙に自分を納得させたくなるのでしょう。

不動産投資を始めるかどうか検討している方々にお伝えしたいのは、不動産投資も株式投資も相談相手は同じ、「成功した人に成功の秘訣を聞く」のがいちばんだということです。

4章

買い増しを再開！「将来の不安」は解消できた!?

現状に満足し3戸でストップ。「4年の空白期間」を満喫する

「仕事も順調、老後資金も問題なし」。でも……

確かに3戸までは「将来の不安」を解消すべく猪突猛進に買い増し続けました。ところが、4件目以降はすぐに買い増ししたわけではありません。実は、2013年に3戸目を購入してから4戸目を購入するまで4年ほど期間が空いたのです。

なぜ3戸でストップしたのか――。「なんとなく現状に満足していたから」です。

「外資系コンサルティング会社で3年生き残れば〝一端《いっぱし》〟だ」といわれていて、2009年に入社してから3年以上がすぎました。部下もできて先輩面もしたくなるという、振り返るとちょっと恥ずかしい勘違いの時期をすごしてました。また、2013年時点で不動産を3戸保有し、老後には年金以外の不労所得として月20万円

以上が入る見込みでした。「老後の資金についても問題ない」と思っていたのです。

仕事も順調、老後の資金の不安も解消されて、さらに当時の年収も1000万円近くまで上がっていたため、おそらくこの時期が最も勘違いして調子に乗っていた時期でした。

お金の使い方は好き放題。いま思い返すと「もったいない期間」

お金も好き放題使ってました。詳しくもない高級時計を買い、値段を見ずに食事をして、移動はタクシー、合コンで散財、そして太ってスーツが入らなくなり買い替える……、なんとも愚かな状態を思いきり楽しんでいました。唯一この空白の期間に限っては、思い返してももったいない期間でした。

不動産投資の相談でよく聞かれる質問に、「不動産価格が上昇しているが、買いどきなのか？」があります。当時の私もこのような疑問を持つことがありました。

しかし、最初の不動産を購入してから7年近くが経ち、不動産価格が購入当時よりも上がり、「いまは買いどきではない」と考えていたのです。

さらに次のようなエピソードもあり、買い増しを躊躇する一因となりました。

エピソード⑪

まさか「夜逃げ」？ 残されたバスタオル1枚と冷蔵庫

「不動産投資にリスクはありますか」という質問を受けることがあります。リスクは当然あります。私が最初に経験したリスクは、入居者の「夜逃げ」でした。

2015年の年末近く、突然、管理会社から電話がかかってきました。

「管理をお預かりしている不動産で、実は入居者からの賃料が滞っていて、先日マンションを訪ねたところ、すでに部屋は空っぽの状態。『夜逃げ』です。つきましては訴訟を起こします。送付する委任状に署名・捺印いただき、書類のご返送をお願いしたいのですが……」

電話に出た私は、しばらくフリーズ状態。簡単な返答になるわけもなく、状況について詳しく聞きました。どうやら数カ月前から家賃を滞納して半年以上経っていたらしく、先月くらいから電話すら通じなくなっていたようです。管理会社いわく、「管理人立会いのもとマンションを訪問した。玄関ドアが開いていて、部屋を確認したら〝もぬけの殻〟。最後にお風呂に入ったのか、乾いたバスタオル1枚、それと冷蔵庫1台が部屋に残されていた」とのことです。

とりあえず書類を送付したとのことなので、いったん電話を切り、後日、届いた書類の内容を確認することにしました。

◆クリスマスプレゼントは〝夜逃げ通知書〟

いまでも忘れもしません。２０１５年12月25日のクリスマス。自宅に書類一式が届き、訴訟委任状が同封されていました。滞納家賃は70万円近くあり、「よくもまあ、これだけの金額をのらりくらり滞納し続けたな」とあきれてしまいました。

また、管理会社に対しても少し怒りを覚えました。この物件はサブリース契約しており、入居していようがいまいが毎月、保証家賃が入金されます。毎月滞りなく家賃が入ってきているので、滞納されていることに気づきようがなかったのです。

とはいえ、半年以上も家賃が滞っているのであれば、オーナーである私に連絡してほしいものです。書類に目を通して返送してくれとのことで、訴訟委任状も確認しましたが、

「この訴訟における弁護士費用などはどうなるのか？」

「部屋の残留物の撤去費用は私が払うのか？」

など確認しなければならないことがあるため、再度、管理会社に連絡しました。幸い私が自腹を切ることはなく、管理会社・保証会社が対応してくれるとのことでした。

ただ、のちのち冷静になって考えたのですが、そもそも何か実際に困った事態が起きたのかということです。

不動産投資において入居者の夜逃げがリスクの一つであることは間違いありません。しかし、サブリースかつ不動産業者が対応し、家賃も確実に入ってきていたため、問題は何もありませんでした。

結局、買い増し再開を考え直すまで、夜逃げされたことだけが苦い記憶に残り、買い増しを躊躇する一因になっていたのです。

再開のきっかけは父親の死と残された母親の老後

「昭和の頑固オヤジ」逝き、母の老後を思う

思わぬことから買い増しを再開することになります。それは父親の死がきっかけでした。

私の父親は昔気質の「昭和の頑固オヤジ」、口より先に拳骨が飛ぶタイプでした。父は4人兄弟の長男で、「長男だから」と祖父の青果店を継ぎました。私は小学校の夏休みになると仕事の手伝いのため、父に市場に連れて行かれたり、トラックから荷物を下ろすのを手伝わされたりしましたが、子どもながらに怖い父親イメージを持っていました。

ずっと力仕事をしていたため横幅も広く、大学生になっても腕力で勝てる自信はあ

りませんでした。かなりのヘビースモーカー。自営業であったため、健康診断を一度も受けなかった。その父が62歳のときに、ガンだとわかったのです。

母と私が病院に呼ばれ、検査結果の写真を見ました。素人目にも「これは助からないだろう」と思うほど全身真っ白。ガンとわかった時点でステージ4だったため、発覚してから2カ月も経たないうちに他界しました。

2014年の夏のこと。その年に自転車屋の友人の母親と、糸店の友人の父親も立て続けに亡くなり、奇しくも同じ歳でした。

買い増しのきっかけになったのは、父の死というより母親の老後の資金不足でした。父が亡くなり、しばらくしてから家計の状況を母親と確認しました。青果店の収益はほぼなし。そのころは90歳を超える祖母が介護施設に入っており、月に15万円ほどかかっていました。また、父は国民年金を払っていなかったので遺族年金の受給はなく、まさに家計は火の車状態でした。私が想像していたよりも貯金が少なく、60歳にも達していない母親の将来を考えると、どう考えても老後の資金が足りない状況でした。

この出来事により、

「自分自身の老後の見立ては正しいのか」

と疑問に思い始めたのです。自分一人分の老後資金のために不動産投資を始めましたが、これはかなり〝ざっくり〟した算段です。自分が体を壊し働けなくなる可能性や、親の介護でお金がかかることなど、まったく考えていませんでした。

さらに、実家の家計を確認した際に、私や妹の教育費にもお金がかかっていました。子ども2人を高校から大学まで私立に通わせると、「こんなにお金がかかるのか」と初めて知り、愕然としました。

買い増し再開。また蒲田かよ！

買い増しの再開は不動産を3戸購入したことに一定の満足をしていた一方で、借入金の総額が約6000万円に達し、なんとなく怖くなったこともあります。

それでも決断したら即行動。さっそくこれまで購入したときと同じ営業担当に買い増しの打診を入れました。ところが、その担当者は長年のハードワークがたたったのか、体を壊して療養中でした。

当時の不動産投資の営業は、外資コンサルティング会社に引けをとらないくらい過酷な環境でした。25歳でお互い知り合い、5～6年のつき合いがありましたが、会うときはスーツ以外の服装を見たことがなく、激務で体を壊してもおかしくありません。そこで、その担当者の同期社員が一時的に担当につくことになり、4戸目の提案を受けることになったのです。

その4戸目がまさかの蒲田！　1、2戸目が蒲田、3戸目が田端、提案された4戸目がまた蒲田。「東京には蒲田以外の不動産はないのか」という気持ちになりました。確かに悩みましたが築6年の中古物件で値段が手ごろだったこと、すぐにでも老後資金の確保のために買い増しが必要だと思ったため、購入しました。4戸中3戸が蒲田という、なんとも偏ったラインナップとなりました。

営業担当のアドバイスを受け、ガン保険付きローンを契約

営業担当は、とても重要な存在

4戸目の買い増し再開により購買意欲が高まり、後述しますが、翌年には2戸購入しました。そのころには3戸目までの担当者が復帰して別の不動産投資会社に転職したので、新しい会社から紹介された不動産を見ることにしました。

不動産投資において「営業担当は重要ですか」という質問を受けることがあります。「重要なのは不動産自体であって、担当営業は問題ではない」という人もいますが、私は営業担当を重要視します。そこで、どんな営業担当とつき合うべきか考えていきましょう。

この営業担当とはなぜかつき合いが長いので、何が違うのかを考えてみました。一

言で述べると、

「私（相手）にとって有益な情報をしっかり提供してくれる」

このことにつきます。不動産営業たる者、不動産に関してはプロフェッショナルであるべきですが、この基本的なところがなっていない人が意外と多いのです。

1戸目の不動産を購入した時期は、突然かかってきた不動産売買の電話に応じて何人かの営業担当に会いました。

電話してきた営業担当と最初に会うときは、上司とともに二人で来るのが基本スタイルです。電話では、

「自分は不動産についてはは詳しいです、節税が○○、不労所得として○○……」

と手元の営業用テンプレートメモを見ながら流暢に話してくれます。ところが、「今度お会いするときは有益な情報をお教えしますよ」と勢いがあったのに、会うとまったく話ができない。いきなり上司が商談を始めるのです。

こちらが質問しても、借りてきた猫のように座って飲み物をオーダーするだけ。同行してきた上司も他社と同じ話しかせず、既知の情報をダラダラと話すのみ。電話営業で数人の営業担当に会いましたが、まったく同じなので馬鹿らしくなりました。

見極めは顧客に合った情報提供ができるかどうか

一方で別の会社に転職した営業担当（1戸目を購入してからつき合いのあった人物）は、初回の面談から関係がすぐに構築でき、つき合うに値する存在でした。まず、不動産に関する情報量の多さもさることながら、私が知りたいことを聞けば瞬時に答えが返ってきました。定期的に不動産に関する情報も共有してくれました。

不動産投資を始めて1戸も売却することなく買い増しを続け、不労所得をねらうスタイルでしたが、これも自分一人で決めたわけではなく、「営業担当からの助言があってこそ」でした。

また、2戸の買い増しについては「ガン保険付きローン」を組みました。これも私の父親がガンで他界したこと（祖父もガンで他界）をしっかりと把握してくれていて、そのアドバイスを受けたからです。

このガン保険付きローンは、保障やローン内容がかなり手厚く、最大45年のローンを組むことができ、ガンと診断された時点で残債がすべて完済扱いになるものでした。

営業担当からは、

「この補償内容はかなり手厚いです。おそらくこのガン保険付きローンはそのうちなくなるでしょう。ガン家系のＴＡＫＡさんには正にピッタリだと思います」

とアドバイスを受けました。

マニュアルどおりの会話ではなく、顧客に合った内容の情報を提供できることも、つき合うべき営業を見極めるポイントの一つです。

信頼できる営業担当の見極め方

1年も経たず半数以上が辞める過酷な環境

投資不動産業界はかなり生き残りが厳しい業界です。

不動産会社の新卒営業は、まず電話営業や飛び込み営業で顧客をつくるところから始まります。これはどの業界であっても営業職につけば一般的ですが、不動産営業の場合は売るのがとても大変です。いきなり電話して話を聞いてもらい、1件数千万円もする不動産を購入してもらうわけですから、そう簡単に売れるわけがありません。

入社直後は、商談に同行する先輩から営業スキルを学びます。それでも、1年と経たず半数以上が辞めていくようです。〝うそギリギリ〟のセールストークを重ね、責任をとらず（とれず）に辞めていった営業担当を何人も知っています。

特にひどいのが節税効果をうたい、本来NGである確定申告を代わりに行い、初年度にたっぷり還付金を返還させ、しばらくしたら会社を辞めている営業担当者。税務署から確定申告の確認連絡が入るころには、その営業担当は退職したあと……。これは実際にあった話であり、いまもあることだと思います。

私がいままで会った不動産会社の営業担当も、ほとんどがすでに業界を去っているようです。会ったときにはやる気に満ち「頑張ります！」とはいっても、1年経たずに辞めていく。私の長年つき合いのある営業担当も、過去に部下を何人も受け持っていますが、「残っている部下は1人だけ」とのことです。

信頼できるのは5年続けて、自らも不動産投資をする人

不動産業界で5年以上続けている営業担当は、オーナーにとって重要な存在です。5年すぎれば、転職しても不動産業界に身を埋める覚悟ができてきます。オーナーの立場からすれば、長くつき合うほどに信頼が増していきます。

また、営業担当を長く続けている人は、「自分で不動産投資をしている」ことも多いようです。ここが私の最重要の見極めポイントです。理由は実にシンプルで、営業と

して勧める投資であれば、自分自身がやっているのが当然だからです。

ところが、いままで会った営業担当のうち本人が不動産投資をしているのは、長い付き合いのある人だけでした。不動産業者の場合、頭金をかなり入れないと不動産投資ローンが組めないという背景があるらしいのですが、一般人から見れば、それは理由になっていません。他人のお金にアドバイスするわけですから、担当者自身もしっかりとした運用をしていないと信用できません。

不動産業界の〝あるある〟なのか、不動産会社の営業担当の多くはお金づかいが荒く、投資用の自己資金すら持っていない人も多いとのこと。確かに、なかには借金してド派手なスーツや時計にお金をかける人もいました。この状態で他人の老後の資金のアドバイスをしていると考えると、まず自分自身を見直さないと営業として信用されないでしょう。

また、不動産は購入したあとも、とても長い目で見る投資商材です。自分自身で投資していなければ、語れないこともたくさんあります。だからこそ、長年にわたって不動産営業を続け、自分自身も不動産投資をやっている人が信頼できるのです。

金融機関から発売される〝掘り出しもの商品〟を見逃すな！

初めて「東京23区外」に進出した

買い増しを再開して5戸目、6戸目は東京都立川市、駅徒歩8分の物件でした。東京23区から離れた立地のため、購入するのにだいぶ躊躇しました。

それでも購入を決意した背景の一つとして、不動産価格の上昇があります。最初に購入した蒲田の物件価格が2340万円。その後、不動産価格は年々上昇し、同じレベルの金額では、23区内の物件をとうてい購入できない。そんな状況になっていたのです。

実は購入を決意したことには別の理由もあります。前述した「ガン保険付きローン商品」が出たことです。

「ガン保険」を買う感覚で2戸を同時購入

私の父はガンで他界していますが、祖父、叔母もガンで亡くなり、疑う余地もないガン家系です。いつかは自分もガンになるだろうと思っていた私にとって、新しく出たガン保険付きローンはまさにうってつけでした。

申込者の年齢にもよりますが、最長45年ローンを組むことができ、ガンと診断されたらその時点の残債が完済となるという商品。実は社会人になってから保険にいっさい入っていなかったので、

「**不動産投資というよりはガン保険に入る**」

という感覚で一気に2戸の購入を決意しました。

また、23区から離れているとはいえ、立川には何度か立ち寄ったことがありました。街自体に活気があり、これからさらに栄えるであろうという感覚もあったのです。

5戸目と6戸目で初めて23区外で不動産を保有することになり、保有戸数は全部で6戸になりました。

“掘り出しもの”は突然、発表され、突然、終わる

5戸目と6戸目の購入で組んだ「ガン保険付き最長45年ローン」については、非常にタイミングよく情報を入手できました。

ローンを組む場合の金利は、時期によって変動します。その中で、このガン保険付きのローンのような新たな金融商品は突然、発表されます。また、条件も予告なく変更されるのです。

このガン保険付きローンが出た当時、営業担当とは、「ローン期間の最長45年という条件は続けることはできないだろう」と話していました。一生涯でガンになる確率は3人に1人とも2人に1人ともいわれ、誰でも「いつかはガンになる」と覚悟しておいたほうがいい時代です。

私が立川の物件を購入したときは32歳。45年ローンで組むと77歳までガンになっても保障されます。もちろんガンにならないに越したことはありませんが、これなら「ガン保険として入っておくのも間違いではない」と考えました。

45年ローンと期間が長いため、払い込むお金の総額は金利分が加算されるので通常

の35年より多くなります。ところが月々の支払額は保有物件の家賃収入からまかなうことができ、ほぼゼロ円という状態となりました。保険料負担は考えなくても2戸を購入できることになったのです。

さらに、通常のガン保険に加入するより、この商品は圧倒的に割安でした。そして、我々の読みどおり、2年も経たないうちに、45年という期間設定はなくなりました。

ガン保険という顧客のメリットを狙った銀行のローン商品。不動産投資の多くは銀行でローンを組むことが多いため、金利動向だけでなく、こうした銀行商品の情報を常に仕入れておくことも大切です。

不安を抱えながら7戸目まで買い増しした！

気づけば総購入額が2億4000万円に!!

2020年、34歳のときに私は不動産投資にいったん区切りをつけました。というより、ローンが組めなくなり、結果的に打ち止めになったのですが…。最後の物件は東京都北区の尾久駅から徒歩5分にあります。少し広めの間取りで、価格も3000万円を超えました。

立川の物件同様にガン保険付きのローンが組めたのですが、立川の物件購入後に45年というローン期間はなくなったため、35年ローンです。このようにローンの条件は年々変わることがあり、常に最新の情報はキャッチしておいたほうがよいでしょう。

一時期は3戸購入した時点で6000万円の借入れに怖くなり投資をストップしま

TAKAさん。
このままじゃ
投資どころか
投資《どうし》ようも
なくなっちゃい
ますよ。
いいかげんに
しないと…!!
ですよねー
もぐ
もぐ

したが、買い増しを再開してからは立て続けに4戸購入し、計7戸となりました。気づけば総購入額が約2億4000万円。金融機関で組めるローンの上限額一杯になりました。

実は、別の理由によりローンも組めなくなっていました。健康診断の結果がボロボロになったのです。

当時、コロナ禍が続き、私の勤める会社も在宅ワークとなりました。そのような状況で、出勤はもちろん外を出歩くこともなくなってコレステロールや尿酸値が高くなり、毎月、血液検査を行い、毎日、数種類の薬を飲むことになったのです。

長いつき合いの営業担当からも、

「不動産の購入より、まずは身体を大事にしてください」
とやさしいアドバイスをいただきました。

26年間、赤字が続くのはキツイ!!

ただ、のちに出会い、本書でも次章で紹介する不動産営業の田島浩作氏から指摘されたことですが、結果的に7戸で買い増しをストップしてよかったかもしれません。7戸すべてをフルローンで購入していたため、毎月出ていくキャッシュがかなり多くなっていたのです。

これまで購入した新築マンション7戸は一定期間ですが節税効果があり、毎年、税金が一部還付されていました。新築物件は確定申告を行った際、所得の赤字が大きいためです。

給与所得と不動産所得は合算されるため、不動産所得が赤字であった場合、本業の勤務先で源泉徴収されている税金は多く支払っていることになります。

たとえば、本業の給与収入が700万円で確定申告を行った結果、不動産所得が100万円赤字となった場合、差し引き600万円がその年の所得となります。差額の100万円に対しての税金はすでに源泉徴収されているので、この100万円の所得にかかる税金が確定申告を行ったことにより還付される仕組みです。

もちろん税金が還付されるのはうれしかったのですが、不動産投資によるキャッシュフローは毎月数万円の赤字、キャッシュアウト状態でした。

年1回のタイミングで戻ってくる還付金で赤字を埋める。そんなルーティンの資金繰りです。この頃には「なんとか、しのいでいる」状態で、正直なところ「運用している」という感覚はなくなっていました。

また、新築マンションは一定の期間が経過すると節税効果も薄れてきます。定期的に買い増しを続けない限りは節税効果を維持できないのです。

すでに金融機関で組めるローンは上限に達していたため、これ以上は増やせません。出ていくキャッシュは金利見直しなどがあれば変動するものの、当時の実情は変わらず、徐々に節税で戻る還付金は減ってきます。ジリ貧になってくることは明らかでした。

1戸目の物件を完済してキャッシュが入り始めるまで、26年間を赤字で運用しなければならない。こんな状況に腹の底では、

「このままだとキツいかもしれない」

と少し不安になっていました。

一方で、7戸完済後に不労所得として毎月入ってくる金額は約50万円。もう少し増やしたいと思う気持ちもありました。

不安も抱えながらも、7戸まで買い増し続けた私の不動産投資は、こうして再びいったんの区切りをつけたのです。

コラム

自分の親のことまで考えてる？

買い増しを再開した大きな理由は父の死でした。私の父は62歳で肺がんで他界。私が28歳のときでした。「いつまでもいると思うな親と金」とよくいわれますが、私にピッタリの言葉です。

父が亡くなったあと、母は生きていかねばなりません。父の死後に家財状況を確認しましたが、母一人やっていけるのか不安になったのを覚えています。それまで親のことはいっさい考えておらず、母に何かあったときは私がどうにかしないといけないと考えました。

本書を手にとっていただいている方は、いくつくらいの年齢？　親はご存命？　不謹慎かもしれませんが、親の終活の一環として、家のこと、資産のことをご家族でお話しされてもいいかもしれません。非常によい機会になります。

私自身、不動産投資を始めたときは自分の老後のことを考えました。いつか結婚して子どもができたら、と養育費のことも考えました。ところが当時、自分の親のことはまったく考えていませんでした。私のように片方の親が亡くなったあと、自分がどうにかしないといけないと気づかされる前に、投資でどんなお金をどれくらいカバーできるか、そのメドはお早めに！

過去の支出も見てみましょう。自分にいくらかかったか、リアルな数字がわかります。我が家は子どもが私と3歳下の妹で二人とも高校・大学と私立でした。こんなにお金がかかっていたのかと、改めて気づかされました。

5章

不動産投資の本質を知らされた日本財託との出会い

〃伝説〃の営業担当田島浩作氏との出会い

不動産の売買・仲介、賃貸経営サポート・建物管理・賃貸仲介などを行っている株式会社日本財託との出会いは、会社の上司からの紹介でした。２０２１年からのつき合いです。

そこで、本書を出すきっかけとなった同社の〝伝説の営業担当〟ともいわれる田島浩作氏との出会いを紹介します。

ニコニコして気のやさしいおじさん

長年、面倒を見てくれて、いまも仲良くさせてもらっている上司が、日本財託から物件を購入した話を聞いたのがきっかけでした。

「ものすごい伝説の営業担当がいるからぜひ会ってみな！　60歳を超えているけど面

白いし、すごいよ！　僕も不動産購入しちゃった」

こう語る上司と私の不動産投資スタイルは、まったく違いました。上司は渋谷駅と横浜駅を結ぶ東横線沿線以外は買わないなど慎重に「よい立地」を重視し、借金の額も抑えた安全投資スタイルです。一方、私は「とりあえず東京ならどこでもいいや」と、買えるだけ買いまくる超アグレッシブ投資スタイル。上司と最初に会ったときも、上司が1戸保有に対して私はすでに3～4戸を保有していました。

「君そんなに買って、よく怖くならないね」

上司は呆れ顔でしたが、そんな上司に不動産購入をあと押しした営業担当に純粋に会ってみたいという気持ちが湧きました。また、私が7戸の不動産を保有するようになったころ、ローンが組める上限に達し、かつ健康診断の結果がボロボロなため、それでもローンが組める金融機関と提携がある不動産会社を探していたので、ちょうどよいタイミングでもあったのです。

田島氏とメールでつないでもらい、初めて会うことになりました。前評判が凄く高かったので緊張してお会いしたのを覚えています。

エピソード

⑫ えッ？　このおじさんが〝伝説〟の営業担当!?

日本財託の会議室で田島氏と初めて会った瞬間、「えッ？　この人が伝説の営業担当!?」という印象でした。

ポケットがパンパンなのにダボダボのパンツ、少しくたびれたワイシャツ、量販店で買ったであろうだいぶくたびれた靴、ミッキーマウスがペイントされているネクタイ。

2021年の年明けでまだ寒い時期でしたが、ワイシャツの袖を巻くっていたので「この人の皮膚感覚はどうなっているんだ!?」と思いました。

ニコニコして気のやさしいおじさんといった印象で、伝説の営業担当と呼ばれるにはほど遠い雰囲気でした。

「60歳を超えて現役、すごいですね」

と何気なく聞くと、

「仕事楽しいですよ！　会社はディズニーランドだと思っているので」

と高笑い。そんな第一印象とは裏腹に、席に着き話をしたら一変。伝説の営業担当の片鱗を見ることになりました。

◆あなたに不動産は勧められない！

不動産についての話です。私は保有不動産などの話をしたあとに、直球で切り出しました。

「私は不動産を増やしたいと考えているのですが、日本財託さんはどうゆう物件を扱っているか見せていただけませんか」

すると田島氏は開口一番、

「TAKAさんに不動産の案内はできません」

まったく予想外の回答に、口がポカンと空いたままでした。いまでこそつき合いも長くなり、田島氏が結論先行で話すことには慣れましたが、初めて会ったときはこの結論先行に頭がついていけません。

私が戸惑っていると、

「いまのTAKAさんは不動産投資としてはかなり危険な領域にいるため、これ以上不動産を増やすことは勧められない」

と、その理由を説明し始めました。

20代で不動産投資を初めて10年以上経ち7戸も保有していると、周りからは称賛されることはあっても批判に近いコメントをする人はいませんでした。私の不動産投資に問題があると、初めて会ったその日に指摘をする、できる営業担当。それが伝説の営業担当「田島浩作」でした。

〝健全〟に投資するなら借入比率は50％に抑える

90％超え（！）の私の不動産投資

私の不動産投資スタイルの何が問題だったのか――。それは借入比率の高さにありました。私は7戸すべてを頭金なしのフルローンで購入し、一度も繰上げ返済をしていなかったため、借入比率があまりにも高かったのです。

借入比率とは購入価格総額に占める残債の割合のことです。

田島氏の推奨としては、「2戸の完済物件を保有し、1戸が借入状態（計3戸）がよい」とのことで、あくまで理想という話でした。年齢にもよるが、若いうちは総購入額に対して借入比率は50％程度をめざしてほしいとのことでした。

対して私の借入比率は7戸購入時点で約90％（次ページ表参照）。確かに田島氏の基

7戸の購入価格と残債（2021年時点）

物件	購入年月	残債	購入価格
蒲田	2011年4月	18,430,000	23,400,000
蒲田	2012年6月	16,870,000	20,800,000
田端	2013年8月	15,430,000	18,500,000
蒲田	2017年8月	18,120,000	19,800,000
立川	2018年6月	23,490,000	24,500,000
立川	2018年6月	23,490,000	24,500,000
尾久	2020年3月	33,780,000	34,500,000
		149,610,000	**166,000,000**

借入比率＝149,610,000 ÷ 166,000,000 ＝ 0.901
≒ 90%

準で考えれば、危険領域なのは間違いありません。しかし、私は純粋に次の質問をぶつけます。

「借入比率が高いのはわかりましたが、何が問題ですか？」

金利が上昇すれば返済が苦しくなるのは百も承知ですが、10年以上の不動産投資をやってきた自負もあったため、若干強気な質問をしたのです。

しかし、相手は不動産業界に何十年と身を置く大ベテラン。すぐさま返され、いままでなんとなく嫌だなと思っていた自分自身の不動産投資のウィークポイントを的確に突かれたのでした。

「これだけ借入比率が高いと、月の〝手

出し〟もかなりの金額になってますよね？　不動産投資はまさに投資なのでキャッシュがプラスでまわらないと怖いでしょ？　マイナス金利と呼ばれる時代でも月々のキャッシュがマイナスは健全じゃないですよ」

田島氏の指摘はまさにそのとおり。当時のキャッシュフローは毎月マイナスでまわっており、毎年の固定資産税の支払額も月にならすと、毎月7〜8万円ほどの赤字で運用していました。振り返れば、一気に3戸立て続けに不動産を購入し、一度買い増しをストップしたのも借入金額の大きさと月々の赤字がこれ以上増えることへの怖さがあったからでした。

怖さは金額の多さだけではありません。不労所得としてプラスになるのが1戸目でも60歳のため、キャッシュが出ていく期間も長いと思っていましたし、払えるいまの給与水準を維持しなければならない怖さもありました。

しかし、将来への不安が勝ったこともあり、月々が赤字のキャッシュフローであっても「保険と思えばこそ」と自分自身に言い聞かせていた部分があります。

「投資してるならプラスじゃないとダメ」

あらためて考えると当たり前のことですが、10年以上の不動産投資で指摘する人がいなかったため、惰性で来ていました。

バブル崩壊を生き残ったのは借入比率の低い人たち

続けて田島氏がはるか昔のバブル期の話を始めます。田島氏は「○○でしょ？」が口癖のようで、こちらが知ってるのを前提とするかのような話をしてくるので、「あー、はい」という微妙な回答するしかない場面が多々あります。

私が生まれたのが1986年。世はバブル期の幕開け時期でした。不動産や株式市場は高騰の連続で、それは1990年すぎまで続いたようです。当時の私は5、6歳で、ほぼ記憶はありません。田島氏から

「やっぱりバブルのころは世の中が狂ってたでしょ？」

と聞かれても、

「あぁー、そうらしいですね」

としか返せないのですが、話はどんどん進んでいきます。

田島氏が不動産業界に入ったのは、私が生まれる少し前の1984年だったそうです。当時の金利はなんと9％近く。現在からは想像もつかない環境です。

不動産も物件を建てれば飛ぶように売れ、毎日がお祭り状態だったとのこと。しかし、バブル崩壊とともに日本全体が長い不景気に入ります。当然、不動産会社に勤めていた田島氏も煽りを受け、それよりもローンを組んで不動産を買いに買いまくったオーナーが悲惨だったそうです。自己破産したオーナーもざらにいて、田島氏の周りの不動産会社もバタバタと倒産していったといいます。

ただ、そんな状況でもなぜか生き残っている不動産オーナーもいて、その方々が、まさに田島氏が指摘していた「借入比率の低いオーナー」だったそうです。完済物件を保有し、家賃を下げても赤字になることがなかったのが生き残れた理由でした。

たっぷりの残債がある物件が多いと、1戸当たりの家賃の下げ幅が少なくても総額での家賃収入が大きく減るため、ローンの支払いに首がまわらない状態になります。さらに売るにしても大きな赤字売却になるため、売るに売れないという八方塞がり。

「**借入比率の高さが明暗を分けるカギになった**」

と語っていました。

初回の対面で不動産案内を拒否されたことを、紹介してくれた上司に報告しました。続けて、私から上司に質問をしました。

「今日お会いしましたけど、よくあんな感じの営業担当から不動産を買いましたね。ホントに大丈夫ですか」

すると上司も驚いて、「えッ？　会ったの？」と聞いてきたのです。上司は田島氏とオンラインでは話はしたものの対面で会ったことがなかったようで、

「なんで君とは対面で会うのに、すでに買ってる僕とは会ってないんだろ」

と苦笑いしてました。その上司も後日、詐欺師では？　と疑っていた人物との対面で、初めて田島氏と会うことになります。

唯一、褒められたのは時間を味方につけたこと

きっかけや理由は何であれ、田島氏からは不動産投資着手の年齢の早さについてはお褒めの言葉をいただきました。特に２０１１年から立て続けに購入した3戸については、放置しておいてもよいとのことでした。

理由は次のようなことです。

・新築で買っているとはいえ10年以上経過しているため、仮に売却するにしても大赤字での売却になることはない

・日本財託が紹介している物件とほぼ同価格での購入のため、いまから物件を購入したとしても遜色ない条件である
・何より35歳時点ですでに7戸保有しているため、キャッシュを投入すればキャッシュフローが改善される

キャッシュ投入については、直近で一気に7戸購入したとしたらかなりの金額が必要でしたが、当時の状態であれば少し時間はかかるかもしれないが多少のキャッシュで救えると思ったそうです。

日本財託でオーナーとなるお客さまの多くが40歳代。若い方でも30歳代中盤とのことです。返済比率が高いとはいえ、35歳で7戸の物件保有をしている私に、「若いうちから不動産投資をしていたことに間違いはなかった」とハッキリ褒めてくれました。

「**時間を味方につけた投資**」

というキャッチーなフレーズを聞きます。私にはピッタリな言葉。いまのところ、この「時間を味方につけた不動産投資」については、自信をもって人にいえる成功例の一つです。

「詐欺師かも？」と疑った、ある不動産投資家との出会い

これは日本財託がつくり出した架空の人物だ！

田島氏との別れ際、不動産投資に関する複数の書籍を手渡されました。私にピッタリな本として、村野博基氏の『43歳で「FIRE」（Financial Independence, Retire Early）を実現したボクの〝無敵〟不動産投資法』はぜひ読んだほうがよいと勧められました。何でも不動産投資家として、私には村野氏をめざしてほしいとのことでした。

読み終わって最初に思ったこと、それは「これ絶対うそだ。こんな人は存在しない。日本財託がつくり出した架空の人物だ。いたとしても詐欺師っぽいよな」でした。

不動産投資歴も10年とそれなりにあると、おかしな点に気づきます。さらに、私を田島氏に引き合わせてくれた上司もこの本を読んでいて、「何かからくりがありそう

だ」と二人そろって疑っていました。

疑問に思った、おかしいと思ったのは、次の内容です。

・1戸目をキャッシュで購入をしているとはいえ、想定する年収から考えるとローンを組める上限金額は私よりも低いはず。なのに購入物件数が多すぎる

・昔購入した中古物件の価格は当然いまよりも安いのはわかるが、購入直後の利回りが高い

・かなり古い物件を購入しているケースもあるが、現在の入居状況はどうなのか

そして何より、私が43歳の時点でこれだけの件数を保有できるイメージができないので、これ以外も色々聞いてみないと「わからん!」。

これら疑問については、実際に話を聞いてみないと完全にうそかどうかわかりません。そこで田島氏経由でお会いできないか打診してみました。そして、村野氏と田島氏、私を田島氏に紹介してくれた上司と私で対面しました。当日お会いする前も、かなり疑いの気持ちをもっていました。上司は私を田島氏に紹介してくれた立場なのに、この時が田島氏とも初めての対面でした。

エピソード
13

“詐欺師”に疑問をぶつけてみた！

「えッ!?　この人が家賃年収3000万円の不動産オーナーなの？」

これが村野氏の第一印象です。腰も低く、本当に普通のやさしい、どこにでもいるおじさんという印象でした。本の挿絵もうそではなかった。

挨拶もそこそこに、まず私は、持っている物件のラインナップやどんな戦略を持って不動産投資に臨んでいるかをうかがい、疑問をぶつけました。

村野氏が不動産投資を始めたのは2004年です。最初に購入した港区の物件は1200から1300万円程度だそうです。思い返すと、確かに村野氏が最初に購入した時期は安かったのだと思います。私が初めての物件を購入したのが、村野氏から遅れること7年後の2011年。当時も不動産価格は2004年に比べるとジワジワと上昇し、「タイミングが悪い」と会社の上の人からネガティブな意見が多かったのを記憶しています。

不動産価格が安い時期、村野氏は2005年に2戸、2006年に2戸と3年の間に計5

戸も不動産を購入し、私は2011年から不動産投資に着手し、3年間で3戸しか購入していません。初速の時点で倍近くの開きがありました。

しかし、疑問は続きます。いくら金額が安いとはいえ、村野氏が不動産投資を始めた年齢と、私の同じ年齢のころを見ると、年収はおそらく私のほうが高い。村野氏がローンを組めるのにも限界があるはずです。しかし、村野氏は次々にローンを借りている。やはり、おかしい……。

村野氏の本で重要なことを見落としていました。それは「頭金」の投入です。村野氏は2戸目も3戸目も頭金を入れているため、銀行からの融資も受けやすく、さらに1戸目をキャッシュで購入していることがものすごい信用になると話していました。

キャッシュで残債がない物件の破壊力――。私はそれを、後述する10戸目以降の物件で知ることになります。年収が高ければ銀行からの融資が受けやすくなるのは当たり前ですが、いかに頭金が重要であるかを理解しました。

蓄財の才と散財の才

村野氏との出会いは前ページにエピソードとして紹介しましたが、頭金を用意するという部分が私との大きな違いでした。年収自体は同じ年齢時点では私のほうが200万円近く高かったのですが、可処分所得はそこまで差がないことがわかりました。

村野氏がキャッシュで1戸目を購入した当時はいまよりも利回りが高く、毎月8万5000円のプラス。一方の私は、毎月3万~4万円程度のマイナス。また、村野氏は当時、寮に住んでいたため家賃がほとんどかからなかったそうですが、私は普通の賃貸住まい。

すると、月の可処分所得はほぼ同じ額になる。しかも、村野氏は繰上げ返済や次の物件の頭金にお金を貯めるのに対し、私は好きなだけ散財していました。

同じ可処分所得でも差がつくはずです。このときばかりは過去の私のお金の使い方を後悔しました。

村野氏と私との「総収入の内訳」

	村野氏	私
年収▶	500万円	700万円
不動産▶	＋約100万円／年	−約40万円／年
家賃▶	−約12万円／年	−約100万円／年
総収入▶	**588万円／年**	**560万円／年**

ジワジワ効く繰上げ返済の効果

大きな差はお金の使い方だけでなく、不動産投資に対する意識の違いに起因するところにもあると感じました。私は赤字運用でしたが、そもそも見ている目線が老後と30年以上先のことを考えていました。対して村野氏は、投資した直後から黒字運用をめざす設計をしていました。「これが大きな差を産んだ」と話を聞いて納得しました。

また、村野氏はお会いしたとき三十数戸の不動産を保有していましたが、50万円でも100万円でも小まめに繰上げ返済を重ねていました。この繰上げ返済の効果は3章で説明したとおりです。１００万円の現金を投入しても、月々の返済金額の改善は劇的によくなるわけではありません。ところが、これがジワジワと効いてくるのです。

村野氏の「**繰上げ返済と頭金投入の戦略**」は、以前、田島氏が私に指摘していたことそのものです。「借入比率の軽減」が大きな差を産んだと、やっと理解できました。

我が不動産投資の最大の決断――築古物件をキャッシュで買う

超アグレッシブな投資スタイルを方向転換

投資はパッション・決断力――。これは真実です。不動産投資を始める際の不安の第一歩を解消したのはパッションであり、やってみないとわからないという気持ちが原動力になりました。

しかし、日本財託の田島氏と〝無敵〟の投資家村野氏と出会い、「借入比率の高さ」が問題となってきた時点で、方向転換が必要になりました。

そして、私が不動産投資を始めていちばん決断力が求められたのが、日本財託から物件購入した8戸目です。

ついにキャッシュを投入する

どんな決断・方針転換が必要だったのか――。田島氏、村野氏と出会い、察しはついていましたが、8戸目を購入するにはキャッシュの投下が必要だったのです。

これまでの7戸の物件で、もう十分という気持ちもありましたが、やはり7戸ではまだ足りないというのが本音でした。というのも、7戸完済すると月に50万円を超える不労所得が得られるのですが、この50万円が将来いくらの価値になるのか不安だったからです。

すでにインフレになっていますが、50万円が将来40万円・30万円の価値に下がっていることもあり得ます。そうなると、

「不労所得として月に100万円程度はほしい」

となります。すると、物件を増やす方向で考えないといけない。

キャッシュを投下する気持ちを固め、8戸目の物件を購入するべく、再度、田島氏にコンタクトをとりました。

よりによって私より〝年上〟の物件

田島氏に連絡してから1カ月経ったころ、連絡がありました。

「ＴＡＫＡさんにピッタリの物件が見つかりました！」

再び日本財託に赴いて案内された物件に驚きました。東京都渋谷区の恵比寿駅徒歩５〜６分。立地は最高ですが、１９８３年に建てられて築38年。私よりも〝年上〟の物件でした。

さらに、広さは18㎡と狭く、ユニットバス。洗濯機置き場もありません。物件価格は１８２０万円。そもそも初めての築古物件で、「金額が妥当かどうかもわからない」というのが本音でした。これまで基本的に新築を買っており、20㎡以下の物件は保有しておらず、中古の物件でも築５〜６年程度です。「築38年」に、思わず反応も渋くなりました。

また、賃料も共益費込みで７万５０００円ですが、「こんな物件に７万５０００円も払う入居者がいるのか」と不安になりました。

そこで、提案された物件以外のラインナップを見せてもらい、同じくらいの築年数

ほっとけ!!
年齢は上だから
それなりにボロっちいが!!
TAKAさんより状態はエエ。

の物件がどれくらいの価格なのか把握しました。しかし、築年数の古さが同程度であっても、立地が異なるので混乱します。情報が多すぎると判断できなくなる、そんな状況でした。

追い打ちをかけるように、田島氏から立て続けにこう切り出されました。

「これキャッシュで購入ですから」

この時点で頭はパンク状態で、その日は試合終了。さすがにその場での決断は下せなかったため、その日はいったん持ち帰りました。

田島氏と別れてからはまずはリサーチ。不動産物件売買サイトをチェックし、築年数、立地、広さを総合的に判断すると、提案された物件の金額は妥当であることはわかりました。

しかし、それだけでは決断できません。次に賃貸サイトで恵比寿駅徒歩5分圏内、同等の築年数、広さでチェックしました。すると結構な物件がヒットしました。さらに賃料を調べてみると、提示された7万5000円も割と妥当だとわかりました。

ここで大事なことを忘れていました。不動産投資における鉄則の一つ、

「**購入する物件は、自分が住みたいという基準で選ばない**」

です。自分自身そのように考えていましたが、想像を超えた物件を案内され、この基本を忘れていました。これで、物件価格と賃料が相場から外れていないことがわかりました。

それでも、最も重要な決断が残っています。キャッシュの投下です。いくらかの頭金を入れる覚悟はしていましたが、一括は想定していなかったので、かなり躊躇しました。

当時は私が行っていた株式運用の利益が出ていた時期で、その利益を株に再投資するか悩んでいました。そこで株式への再投資はやめ、田島氏や村野氏に説かれたキャッシュフローの黒字をめざして不動産に投入し、キャッシュで一括購入を決断したの

です。

「営業担当のほとんどが不動産投資家」の会社

8戸目で日本財託とのつき合いが始まったのですが、「日本財託は一般の投資不動産会社とはどうやら違うようだ」と徐々に知ることになります。

最初に驚いたのが、日本財託の社員の多くが不動産を保有していること。4章で信頼できる営業担当の条件として「営業担当者自身が不動産投資をしている」ことを挙げましたが、日本財託の営業はまさにこれに該当するものでした。

8戸目を購入するために、売買契約手続きをするのに若い営業担当が私についたのですが、彼も20代半ばですでに文京区後楽園に物件を保有しているオーナーでした。また、日本財託を紹介してくれた私の上司の担当者も複数の物件を保有し、すでにいくつか完済しているとのことでした。

こんなにも社員が不動産を保有している会社は、いままで聞いたことがありません。会社の雰囲気もかなり落ち着いているというか、地味。多くの投資不動産会社は人気のエリアで賃料の高い高層ビルにオフィスを構えているものですが、日本財託のビルはかなり築古でした。

また、同社の重吉勉社長自身が「まめまめしく」という言葉をよく使いますが、初めて日本財託で物件を購入した際も、手書きの手紙を送ってくれるほどオーナー一人ひとりを大切にしていることが伺えます。

自分に合った不動産会社や営業担当を見つけるのは、不動産投資を首尾よく進めるうえで重要な要素です。運もあるでしょう。ぜひ皆さんも、自分に合った不動産会社や営業担当を見つけてください。

続けてのキャッシュ購入で、ついに黒字転換！

キャッシュフローの改善がもたらした「安息感」

8戸目に恵比寿の物件をキャッシュで一括購入し、毎月のキャッシュフローが改善したことで気持ちの余裕が生まれました。これは体感したことがないと、本当にはわからない安堵の実感、安息感です。

それまではフルローン購入による毎月赤字の運用だったのが、8戸目の購入により、ほぼ手出し（持ち出し）なしの状態。つまり、毎月ゼロ円で8戸の不動産を運用していることになったのです。このまま放置しておいても60歳から順次、不労所得を得ることができるのです。

もちろん60歳時点で不動産以外の資産を持っておくべきですが、2000万円問題のようにキャッシュがないと老後が心配になる状況からは解放されたも同然という気持ちでした。

キャッシュフローのプラスをめざし、さらなる投資を考える

田島氏、村野氏とは定期的に食事をする間柄となり、不動産市場の変化をキャッチしつつ、田島氏から9戸目の提案を受けることになります。キャッシュフローの改善により、気持ちが楽になった状況を見透かしたかのような絶妙なタイミング。こんなところも一流の営業担当といった感じです。

早速、村野氏にも相談しました。村野氏は中立的な立場で自分の体験を踏まえて話をしてくれるので、毎回心に突き刺さります。「まだキャッシュフローがプラスでまわっていない状況だから、もう少しキャッシュを入れればいいのに……」と思っていたそうです。

相談していると、村野氏から複利の話がありました。ごく簡単に説明すると、運用でプラスにまわったキャッシュを再投資するということです。8戸目購入によりほぼ毎月±0円となっていますが、キャッシュフローがプラスではないため再投資する状

態ではありません。そこで9戸目の不動産購入を考え始めました。そして、9戸目もキャッシュ一括であろうと考えていました。

案内された物件に、一瞬ウッとなる！

田島氏から案内されたのが、東京都港区、ＪＲ山手線の田町駅徒歩４分で、１４２０万円の物件。賃料が共益費込みで６万８０００円。すでに恵比寿の物件でどんな築古でも心の準備はできています。

しかし、あらためて物件情報を見ると、一瞬ウッとなりました。築42年で恵比寿よりもさらに狭い16㎡。ユニットバスで、洗濯機置き場もありません。１９８０年に建てられた旧耐震の物件でした。

いくら港区の物件で恵比寿の物件よりも価格が安く駅近といえども、旧耐震だし、いかんせん狭くて古い。微妙に悩む要素が入ってきます。しかし、キャッシュフローの改善による気持ちの変化が勝り、購入の方向で前向きに検討しました。８戸目のときと同様に、物件自体の価格の妥当性と賃料相場をチェックします。今回も妥当とわかったので、９戸目もすんなりキャッシュ一括で購入を決断しました（後述参照）。

こっそり・がっつりやっていた株式投資

株と不動産の両輪で資産をまわせ！

社会人になって以降、散財を重ねてきたのに、なぜ8戸目、9戸目を一括で買えるだけのキャッシュがあったのか――。ネタあかしというほどのことではありませんが、さかのぼること数年前からこっそり株式投資をしていたのです。実は、

「株式投資と不動産投資の並行運用」

は私の勧める投資スタイルです。不動産投資の話をすると、必ずといっていいほど話題に上るのが株式投資。「株と不動産ってどっちがいいの？」と質問されることがよくあります。私の答えは「どっちもやればよい。どっちもやるべき」です。

2009年の入社時から興味は持っていた

少し私の株式投資の履歴も紹介します。そもそも、なぜ株式投資に興味を持ったのか、きっかけは何か、それは入社した時期にさかのぼります。

私が外資系コンサルティング会社に入社したのは2009年。就職が決まった直後にリーマンショックが起こりました。世の中は混沌とし、会社でもプロジェクトがない状態が続き、辞めていく先輩、暇な先輩がかなりいました。その状況下、いまこそ株式投資だ！　という先輩が何人かいたのです。

当時の私は不動産も株式投資も何もわからない新卒社員。なんでこんなに景気がヤバいのに株式投資なのか、イマイチどころかまったくピンときませんでした。「仕事もなく、やることもないから株でもやっているのか」くらいにしか思っていませんでした。

ただ、仲のよかった先輩が何人も株をやっていると知ったので、興味本位で情報収集的に話は聞いていました。

・暴落が来たら買いどき——10年に一度くらいのタイミングでこうゆう時期がくる

・米国株に投資しておけば、将来的には回復する
・（当時は）中国株は旋風を巻き起こしており、タイミングはバッチリ

などと、キーワードだけはなんとなく頭に残っていました。

実際、数年後にリーマンショック後の景気回復に伴い、株式市場が上向きになってきました。そこで、当時「いまが買いだ」と語っていた先輩に、株式投資の状況を聞いたことがあります。すると、額はさまざまですが全員が利益を出している状態で、リーマンショック後に買った銘柄が数倍になったなんて話も聞きました。

勉強&実践を繰り返し自信をつける

周りで儲かっている人がいると羨ましくなり、自分も儲けてやろうと下心が湧くものです。ご多分に漏れず、私も下心が出たことで株式投資に手を出しました。いま振り返っても、調子がよいというか流されやすいというか、わかりやすい性格です。

不動産投資と同様にとりあえずやってみないとわからないという精神のため、ネット証券口座を開き、なけなしの50万円を入金して株式投資のスタートを切ったのです。

ところが、株式投資についてはまったくの素人。日本株・米国株・中国株と、そもそもどの国の株を買えばいいのか、ETFと個別銘柄のどちらを買えばいいのか、個別銘柄ならどんな会社を買えばいいのか、まったくわかりません。

いろいろな株式投資関連のサイトなどを見ながら、なんとなく株式投資をしていたのですが、数年の間は大きく損することもなければ大きく利益が出ることもありませんでした。しかし、少しずつ勉強&実践を繰り返すことで徐々に利益も出て、株式投資で利益を出せる自信がついてきました。

そしてコロナの蔓延がやってきたのです。いつのころか聞いた〝株式ワード〟がよみがえり、まさにこのタイミングで勝負に出ようと考えました。

引き際を見誤るな！

ネット証券での個別銘柄の株式投資をしていましたが、それとは別に、入社してしばらくしてから自社株を購入していました。コロナ禍にこのタイミングだと思い、すべての自社株を売却し、個人運用に切り替えました。その結果、1年の間で数倍の利益を出すことができました。

そして重要なのは引き際です。大暴落後の市場回復期の〝イケイケドンドン状況〟では、アホでも儲かると思います。しかし、人間、欲が出るもの、引き際が重要です。私は米国株を主戦場に株式投資をしていたのですが、当時はコロナ後の金融緩和により金利は下げにつぐ下げ、株式投資にとって絶好の買い場でした。このタイミングは誰が何を買っても儲かる時期です。

徐々に金利が上昇し引き際だと思ったタイミングで一度キャッシュに戻しました。あくまで結果論ではありますが、このタイミングが抜群でした。株式投資の格言である「頭と尻尾はくれてやれ」のとおり、しっかり利益を出して手を引けたのです。

誤解して欲しくないのは、私は腕のよい株式投資家ではないということです。語弊はあると思いますが、「誰でも儲かる時期にガッツリ元本を入れて、利益が出たタイミングで市場が落ち目になったら欲を出さずに引いた」、ただそれだけのことです。それも、日本財託を紹介してくれた上司から、

「君は欲を出すから引き際は見失わないようにね（笑）。株で儲けていい気になって、その後に痛い目にあった人、いっぱい見てるからさ」

とのアドバイスがあったお陰です。

年長者の言葉はしっかり受けとめる世代の私。欲深く加減を知らない性格なのは百も承知と、ここでいったんすべて利確（利益の確定）へと動きました。現金にした株式の運用益の持って行き先を考えなければと思っていた矢先に、８、９戸目のキャッシュ買いの話が出たのです。したがって、

「株式で得た利益の一部を、安全運用の不動産に替えた」

というのが事の顚末です。

株式投資もポジティブなスタイルを私は推奨します。いろいろな投資の本を読んでいると、「特定の投資一本を勧め、他の投資はＮＧ」という言いまわしをよく見かけます。たとえば、不動産投資を勧める人は「株式投資はやめておけ」。逆に、株式投資を勧める人は「不動産投資よりも株の方が儲かるぞ」という具合です。

私はこの手の本を読むたびに「何かの宣伝の本なのかな」と少しうがった目で見ていました。そのため、本書をお読みの皆さまに強くお伝えします。

「株式投資も不動産投資も、どちらもおススメ」

です。ちなみに私は、いまだに株式投資の運用資金のほうが不動産投資へ投入した金額よりもはるかに高額です。

共同担保を活かし物件購入に拍車をかける

えッ!?　共同担保？　早く教えてよ

8、9戸目をキャッシュで購入したことで、不動産投資の運用が黒字転換しました。しばらくの間、毎月プラスでまわっているので、気づけば現金が貯まる速度が上がりました。社会人14年目にして、「意識せずにお金が貯まっていくことの素晴らしさ」を体験しました。

10戸目、11戸目の物件購入の話は、突然やってきました。2022年末に開催された「田島会」という忘年会での出来事です。〝無敵〟の投資家村野氏を始め、田島氏の顧客十数名が参加していた「田島会」で、田島氏に10戸目の相談を私からしました。

自分としては記念すべき10件目。どんな物件がよいのか、そして次もキャッシュで購入なのか、いろいろと相談すべきことがありました。ただ、さすがに2戸立て続けにキャッシュで買っており、株式での運用資金をこれ以上減らしたくはないので、素直にそのことも田島氏に伝えました。

すると田島氏から、

「じゃあ、キャッシュで買った物件を担保に、ローンで次の物件を購入しますか」

と打診がありました。田島氏の話は前触れもなく唐突に切り出されます。いつものごとく「?……」な私。心の中では「えッ何それ……。キャッシュじゃなくてもいいの？　マジで何考えてるかわからんわ～」でした。

完済物件は担保として活かせる！

キャッシュで購入した物件や完済物件は、物件自体を担保にして新たに借入が可能です。それが、いわゆる「共同担保」というしくみ。なんとなく聞いていましたが、そんなしくみがあったとは……。

9戸目はキャッシュで購入したのですが、「そのとき先にいってくれよ」という感じです。ところが田島氏には彼なりの考えがあったことがわかりました。というのも、

・9戸目をキャッシュで購入しても、田島氏が考える安全圏内での運用に達しない
・フルローン頼りの不動産投資スタイルを脱却するには不動産投資に臨むマインドを変える必要があり、時間がかかる

と思ったようです。そのため、「10戸目もキャッシュで購入し、完全に黒字運用でリスクを抑えるまではあえて切り出さなかった」とのことです。営業としては数字を上げるのは当然ですが、「あえて案内しない」。こんなところに田島氏の営業としての信念を感じます。

しかし、聞いたらアクセルを踏んでしまうのが私の性格。聞いたからには、共同担保での購入を進める方向で10戸目のことを考えていました。なお、すでにキャッシュで購入した物件を共同担保にしたとき、ローンをいくら組めるのかもわかりませんでした（結局は2戸をキャッシュで購入し、その後、共同担保で4400万円のローンを組みました）。

田島氏に共同担保で10戸目の不動産購入の話を進めてもらいました。ただ、そのときも田島氏に、

「TAKAさんに共同担保の話をすると、すぐ火がついちゃうと思ったので、あえていままで伝えなかったんですよ。共同担保でローン組むにしても、ゆっくり検討しましょうね」

と告げられました。もう耳に入っていませんでしたが……。

立地のよさ＝資産価値の高さが担保力につながる

共同担保で記念すべき10件目の購入の話を進めていたとき、思わぬ情報が入ってきました。8戸目に恵比寿、9戸目に田町と都心の物件を購入していたため、金融機関から評価額が高く算出されたのです。1戸を共同担保にした場合、物件によるが2戸ローンが組めそうという話でした。8戸目、9戸目を購入する際に田島氏が、「築古で激狭のマンションでも、必ず都心部（渋谷区、港区、中央区など）の物件を購入してください。そういった物件をお勧めします。資産価値の高い物件は立地がよいので」と話していましたが、こういう場面でその価値が発揮されたようです。

記念すべき10戸目をじっくり考えようとしていましたが、11戸目の物件も一気に検討することになりました。

10戸目～13戸目も共同担保でほぼ同時購入

共同担保を活かすため頭金を用意

10戸目、11戸目は田島氏から案内された物件のうち、東武東上線のときわ台駅（東京都板橋区）から徒歩3分の物件と、東急目黒線の武蔵小山駅（東京都品川区）から徒歩7分の物件の2戸に決定しました。これらの物件について共同担保でローンを組む際に、田島氏から条件のような話がありました。それは、頭金を入れるということでした（次ページ図参照）。

築古の物件だと新築とは異なり35年のローンが組めないことが多いため、期間が短くなるケースが多いようです。ローン審査の段階で知ることになったのですが、金融機関によっては、ローンが組める期間から築年数を引いた期間が返済期間の上限とな

共同担保のしくみと「頭金」

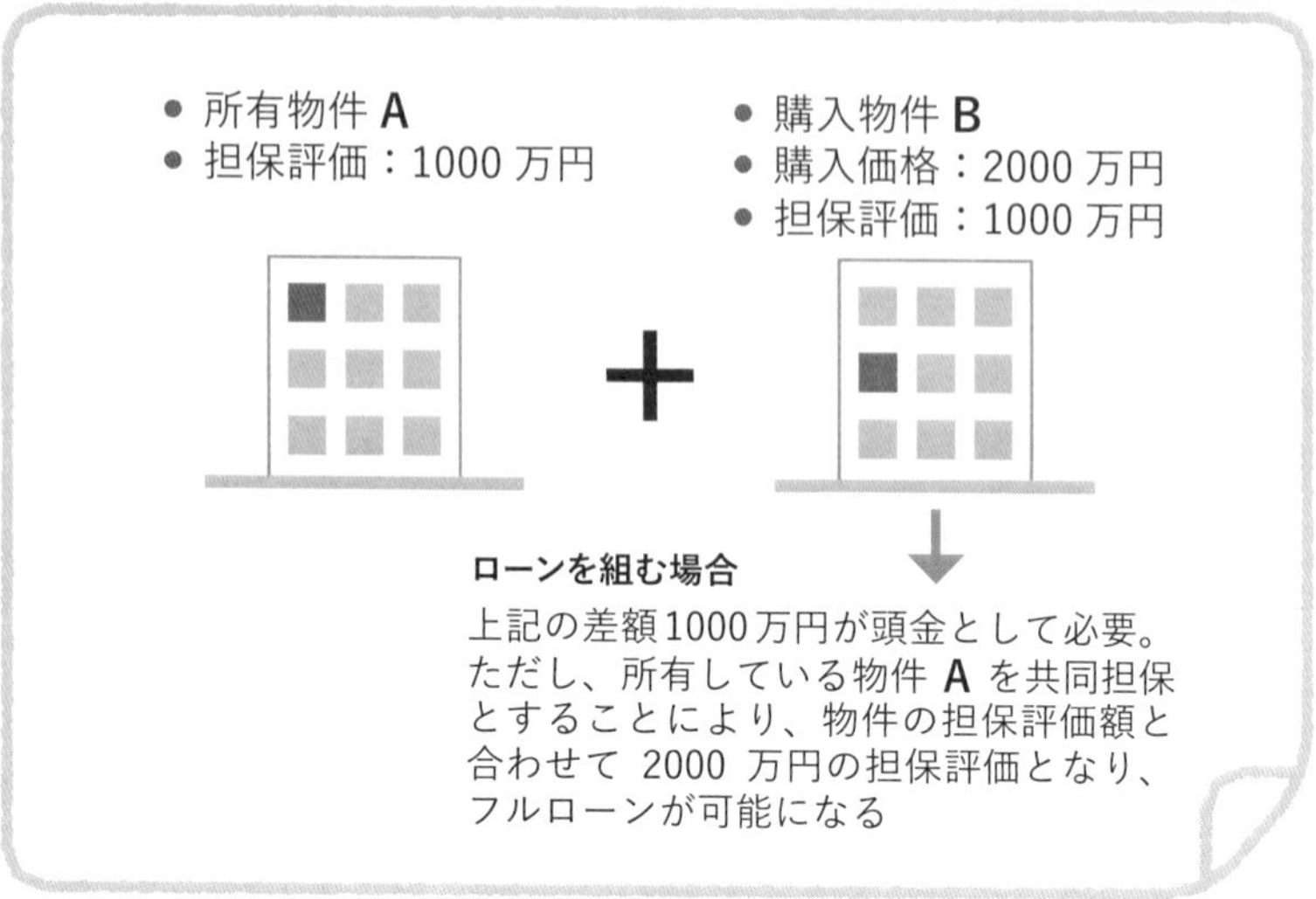
● 所有物件 A
● 担保評価：1000 万円
● 購入物件 B
● 購入価格：2000 万円
● 担保評価：1000 万円
ローンを組む場合
上記の差額1000万円が頭金として必要。ただし、所有している物件 A を共同担保とすることにより、物件の担保評価額と合わせて 2000 万円の担保評価となり、フルローンが可能になる

る規定があるそうです。たとえばローンが組める期間が60年で、購入する物件が築40年だった場合、実際に組めるローン期間は20年になります。

フルローンを組んだ場合に月々が手出し（持ち出し）の赤字になる場合、赤字を軽減したり黒字にしたりするためには、頭金を入れて借入元金を減らす必要があります。そこで、10件目の物件に300万円の頭金を入れ、10件目・11件目のローンを組むことにしました。

ローン期間はどちらも21年です。完済予定時の私の年齢は59歳。1件目の物件とほぼ同時期です。当然、毎月の返済金額は35年ローンに比べれば高くなります。ですが、頭金を入れたあとに放置しておけば、1戸目とほぼ同時期に完済できます。とても楽な気持ちで購入できました。

12戸目、13戸目も共同担保を活かして即決購入

共同担保によるローン購入を覚えてしまったら、もうどんどん使うしかありません。

10戸目以降の物件は共同担保にして不動産購入に邁進します。きっと田島氏も「下手にいわなければよかった」と思ったかもしれません。

10戸目、11戸目の物件購入の手続きのタイミングで、12戸目、13戸目も購入できるか田島氏に打診しました。私の性格を知り尽くしている田島氏も、このときはなかば諦めたのか、「もうわかった」という感じで物件購入を了承してくれました。

前回同様、キャッシュで購入した9戸目の物件の評価額を金融機関に算出してもらいましたが、港区の物件ということで満足いく評価額が出ました。2戸同時でローンが組めるくらいの評価額となったため、12戸目、13戸目の物件を田島氏に見繕ってもらいました。

JR京浜東北線大井町駅から徒歩10分の品川区の物件と、またまたまたのJR京浜

東北線蒲田駅から徒歩3分、大田区の物件でした。すでに蒲田に3戸を保有していましたが、また蒲田。きっと何かの縁があるのでしょう。もう気にすることなく、この2戸は即決でした。

これらも築古物件だったため、ローン期間が22年と26年という条件でした。

ちなみに、2023年は、年間で結局4戸購入というすさまじいスピードで買い増しをしました。

品川区の物件はリノベーションされていました。実はリノベーションについては少し関心がありました。日本財託から購入した物件はすべて30年以上の築古物件のため、室内の写真を見たときに「やっぱ古いな」という印象を持っていたからです。いつかはリノベーションが必要だろうと思っていました。

リノベーションした物件と同じ古さや立地、広さで賃貸サイトを検索した結果、リノベーションをしている物件のほうが5000円ほど高い家賃で入居者が実際についていました。そのため、「古くなり入居者がつきにくくなっても、リノベーションをしていれば入居しないことはなさそうだ」と認識しました。

マジか⁉　2度目の夜逃げ。入居者は海外逃亡⁉

玄関扉に「引っ越しました」の貼り紙が……

日本財託さんと3年以上のつき合いが続いた2024年に入って、ついにトラブルが発生しました。9戸目に購入した田町の物件で、私自身は2度目となる夜逃げ被害が発生したのです。「不動産投資を始めて13年で、2回も夜逃げに遭うものか」と怒り・落胆というより純粋な驚きでした。

日本財託の債権管理部からのメールで夜逃げを知ったわけですが、入居者はベトナム国籍の方で家賃滞納が続いていたようです。

保証会社が物件訪問したところ、玄関扉に「引っ越しました」との貼り紙。律儀に貼り紙を張ってはいますが、「引っ越しました」と伝えられたところで、「はい、そうですか」というわけにはいきません。

こういう場合はメールで受け取っている内容以上の情報は得られないとわかっていますが、とりあえず電話で事情確認をするものです。電話で確認したところ、家賃滞納が2カ月ほど続いて、滞納督促の書類を送付しても返答がなく、電話をしても応答がなく、物件訪問をして発覚したようです。外国籍の方なので、

「帰国していたら、おそらく回収はむずかしいかも?」

とのことでした。

私の一番の心配のタネは「家賃が入るのか」でした。前回の夜逃げとは事情が異なります。前回はサブリース会社と契約していたので家賃が保証されていましたが、今回は集金代行なのでそうではありません。すると夜逃げされた期間分の家賃はどうなるのか。保証会社に入っているので、おそらく大丈夫だとは思いますが、不安になります。

また、残置物の撤去費用です。前回の夜逃げではバスタオル1枚と、冷蔵庫1台。サブリース保証範囲内だったので、撤去費用はかかりませんでした。一方、今回はどれくらいの物が置き去りになっているのか。さらに、夜逃げされたことにより、すぐ

に入居者を見つけないと空室が続いてしまいます。

迅速な対応で、大きな実害なく解決

心配のタネは尽きません。日本財託の対応力が問われる場面です。

本書では日本財託を強く推薦するような内容を書くつもりはなく、ありのままを書かせてもらいますが、日本財託の対応力については素直に認めざるを得ないこととなりました。

まず夜逃げされた分の賃料です。これは、日本財託は関係なく、保証会社との問題です。1カ月遅れにはなりましたが、賃料は支払われました。

次に残置物の撤去費用です。おそらく入居者は自国に帰ったのか、生活用品をすべて残置してあったようです。そこで、日本財託が保証会社と交渉し、残置物の撤去費用はすべて保証会社持ちとなり、私が自腹を切ることはありませんでした。

最後に急な入居者募集対応です。早急に入居募集をかけなければなりませんでしたが、2024年2月28日に募集をかけて、翌月の3月20日から入居となったため、かなり早いタイミングで空室が解消されました。

思わぬトラブルに遭いましたが、これといった被害なしで解決です。不動産投資を検討される方の中には、こういった「夜逃げトラブル」もリスクの一つとして考える方もいらっしゃるでしょう。当然、不安だと思います。

しかし、しっかり物件管理をしている不動産会社であれば、トラブルというほどのトラブルにはなりません。このことをお伝えしておきます。

長期入居者がいる物件のメリットと注意点

意外とかさむ「内装工事費」

夜逃げトラブルとほぼ同時期に、思った以上の出費だったエピソードがあるので紹介します。私が不動産投資を始めてから、いちばん出費が大きかったエピソードです。不動産投資を検討の方は、ぜひ参考にしてください。

問題となったのは10戸目に購入した「ときわ台」の物件で、入居者退去に伴う内装工事費が高額だったことです。

内装工事費と聞いてたいした金額ではないと思った方もいると思いますが、約42万円――。この金額が高いか妥当かは人それぞれですが、私のこれまでの実績では明らかに高額な金額で「高い！」と思いました。ワンルームマンションの場合、2～4年で入居者が替わり、内装工事費は10万円前後というのが私の経験からの目安です。それが40万円オーバー。どれほど高額かわかっていただけるでしょう。

高額になった理由は、入居期間が14年と長かったから。14年も住み続ければ当然傷む箇所も多くなり、内装工事費が高くなることは承知していました。ただ、私が購入した時点で13年住んでいたので、「おそらくこのまま住み続けるだろう」と思っていました。10年以上住んでいる入居者が、私がオーナーになってから1年ほどで退去するとは、想像もしていなかったのです。

日本財託の担当者からは、

「内装工事費がかなり高額になります。納得していただくために、削れる費用は自身の目で確かめられてもよいかもしれません」

と連絡を受けたので、不動産投資を着手してから初めて自身の保有する物件を見に行くことになりました。

エピソード⑭ 初めて自分の物件を訪問してみた

初めて物件を見に行く途中、「独身成人男性が同じ部屋に14年も住んでいたとなれば、まあ、掃除も大してしないだろうし、大雑把に使えば傷む箇所も多いだろう」と覚悟は持っていました。営業担当者と物件前で落ち合い、いざ居室に入りました。

想像以上に汚い！　何より部屋の匂いがどことなく湿ってくるような、おじいちゃんおばあちゃんの家に行ったときのような古い建物の匂いがしました。

営業担当者とも苦笑いしながら、居室の中を見渡していきます。お風呂も水カビ全開！だいぶ黒ずみ、キッチン前の床は腐っているのかと感じるほど凹んでいて、「40万円くらいかかります」といわれてもなんだか納得してしまう……、そんな第一印象でした。

いったん一息つき、見積書の工事箇所にそってどこを補修するのかチェックをしていきます。ところがチェックし始めてそこそこに、「もう内装工事していい」という気持ちになりました。工事個所が40近くあり、1カ所あたりの工事金額が数千円程度なので、正直これ

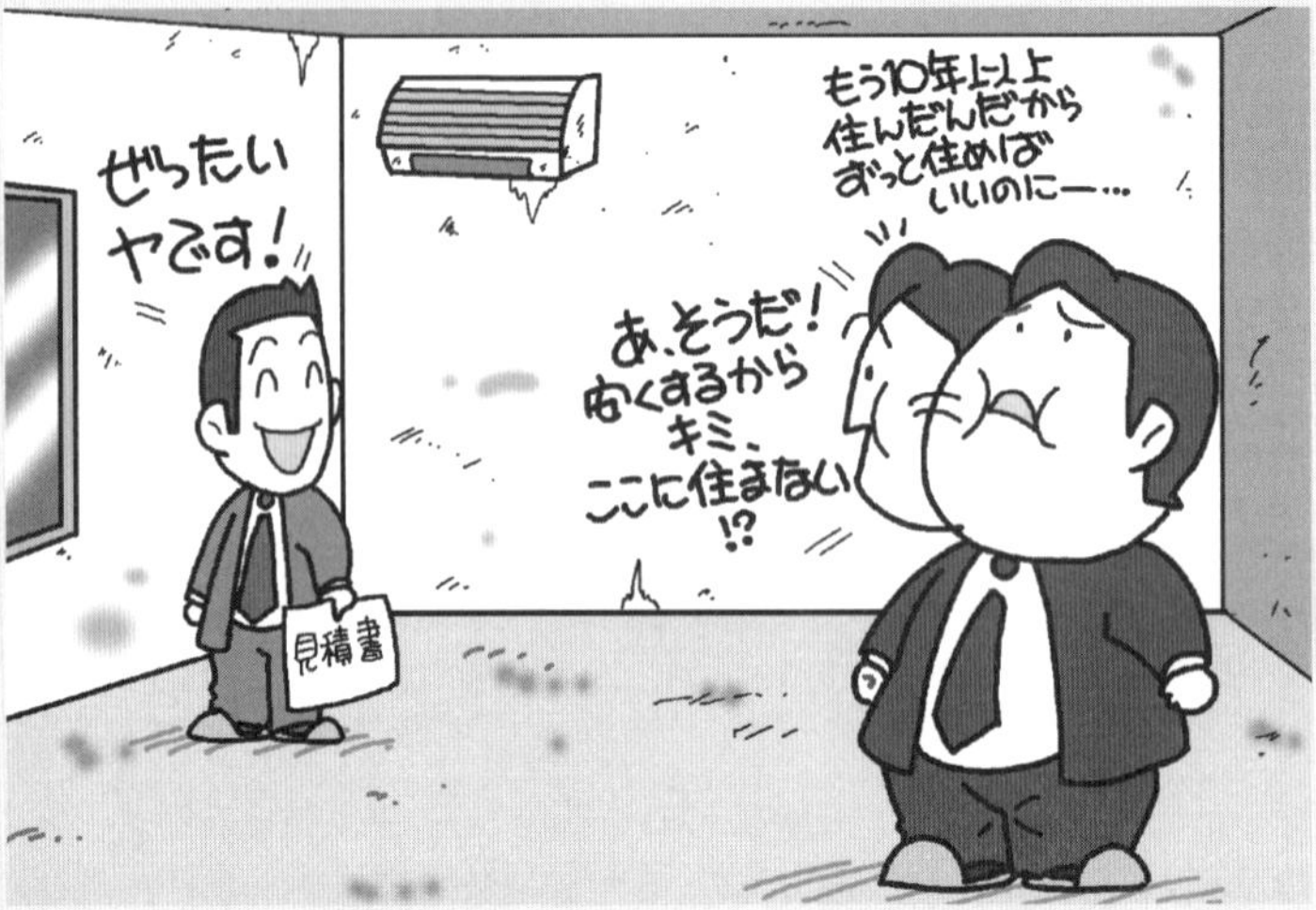

くらいなら補修してあげたほうがいいだろう、と素直に思ったからです。

ただし、金額が大きい項目は最後にチェックしていきました。でも、これも早々にＯＫ。一番大きい金額だったのがエアコンの交換ですが、製造年が２００３年と20年落ち。スイッチを入れた瞬間にカラカラッと異音がするではありませんか。20年間、むしろよく持ったなと思い、交換をＯＫしました。

そのほか、金額が目立つ箇所もどれもこれも補修いたし方なしという傷み具合でした。

そう考えると40万円そこそこは「安い！」とさえ感じ、１時間も居ない間に帰ることに……。こうして、私の初めての物件訪問は幕を閉じました。

内装工事の内訳

発行日　2024年5月26日

御見積書

拝啓　時下ますますご清祥のこととお慶び申し上げます。
さて　修繕の費用につきまして下記の通りお見積もり
させていただきます。
ご確認くださいますよう、宜しくお願い申し上げます。
敬具

[redacted] 様

有効期限　発行後30日

件　名　内装工事

作業場所

お見積金額　¥468,127ー

※消費税込み金額

No	項目	数量	単位	単価	金額	備考
1	ルームクリーニング(1K・1R)	1	式	24,000	24,000	ご入居約13年
2	床ワックス	1	式	4,000	4,000	床材保護　仕上げ
3	各所排水管加圧洗浄	1	式	4,000	4,000	詰まりや異臭予防の為
4	キッチン錆跡除去	1	式	4,000	4,000	シンク/鉄さび【退去者請求】
5	ツーハンドル水洗交換	1	式	25,000	25,000	キッチン/ハンドル動作不良　経年
6	配管一部交換(水栓交換に伴い)	1	式	38,000	38,000	キッチン/銅管直結の為
7	止水栓取付(上記交換に伴い)	2	台	6,000	12,000	キッチン/現未設置の為
8	背面合板交換(シンク側)	1	式	5,000	5,000	キッチン/配管手直しに伴い
9	冷蔵庫撤去処分	1	台	8,000	8,000	キッチン/劣化　クレーム予防の為
10	背面板新規設置(冷蔵庫側)	1	台	6,000	6,000	キッチン/既存背板無し
11	コーキング施工	1	式	4,000	4,000	キッチン/劣化
12	照明器具設置(丸形小型LED)	1	台	12,000	12,000	キッチン/点灯不良　劣化
	計					
	消費税					
	合計					

ご連絡事項
ガス機器に関しては閉栓しておりますので現状での動作確認はできておりません。
内装工事費(¥468,127)、借主負担(¥49,500)ですので、オーナー様実質ご負担金額は(¥418,627)でございます。

読みが外れた「長期入居者のありがたさ」

長期入居者の物件にはメリットもあります。長期入居者の傾向として「めんどくさがり屋」という性格の方が多く、たとえば月の賃料を2000円上げたとしても、「引っ越し費用+新しい賃貸の敷金・礼金+仲介手数料」のほうが高くつくため、長い期間住み続けてくれるケースが多いからです。そのため、比較的利回りが高い物件もあります。

また、仮に賃料据え置きでも、入居当時から10年以上築古になっても同じ賃料をとれるのは、かなり優良物件です。

とはいえ今回は完全に私の読みが外れた結果となったわけで、最悪のタイミングで高額な内装工事費を私が持つ結果となりました。

不動産投資を検討している方は、オーナーチェンジ物件の場合、現入居者の入居期間をチェックリストに入れておくとよいかもしれません。

不動産会社を選ぶカギは「客付け」の強さ

空室を埋める力とは？

不動産投資を検討の方に不動産会社を選ぶポイントをお伝えしましょう。それは「客付けの強さ」です。「客付け」とは、「賃貸不動産の入居者を見つけること」を指します。

私は日本財託とつき合い始めてから、この重要さを実感しました。日本財託から物件を購入する前まではすべてサブリースでの不動産購入だったため、入居者の有無に関係なく安定的に賃料が入ってきました。そのため「客付け」について意識することはありませんでした。

ところが集金代行を利用する不動産投資の場合、いかに空室期間を短くするかが生命線になるのです。

不動産投資家にとって、不動産会社の

「客付け力」

が強いと、救われたような気持ちになります。

私も同様です。まず、夜逃げされた「田町の物件」では、急きょ入居者を募集しなければなりませんでしたが、募集を開始してすぐに入居者が決まり、1カ月も経たないうちに部屋が埋まりました。

長期入居者が退去した「ときわ台」の物件では、内装工事費に40万円もかかり、次の入居者がつくまで非常に不安になりました。

この物件は長期入居者が退去するまで14年前の賃料をほぼ据え置いていたため、近隣相場より賃料が高めでした。そのため、退去後の募集条件を見直す必要があり、5万9000円から4000〜5000円ほど家賃を下げないと入居者がつかない可能性がありました。

さらにタイミングが悪く、同じ物件の同じ階の別の部屋がすでに募集をかけており、賃料5万5000円の敷金・礼金なしで募集をかけていました。

賃料を落とさないテクニック

サブリースと違い集金代行のむずかしいところは、こういう状況でどう判断するかです。賃料を設定できる選択肢は自分にありますが、自分の決定により空室になったときのマイナスは自分自身の責任です。この時に私が下した判断は、「現状と同じ賃料5万9000円で敷金・礼金を1カ月ずついただく」という募集条件でした。

5万5000円で敷金・礼金なしの物件に、条件で勝つのは無理です。そこで、まず他社物件から先に埋まってもらい、「私の物件は次に決まればいい」ということにしました。

日本財託の賃貸管理部の方からは、「入居者が決まるには少々時間がかかるかもしれません。しばらく経って、まったく申し込みがない状況だったら募集条件の見直しを視野に入れてほしい」といわれました。さすがに4000円下げると年間4万8000円、2年で9万6000円も収入が減るので、「いたし方なし」と覚悟を決めました。

2週間ほどたったころ、日本財託の賃貸管理部の方から再びメールが届きました。

やはり条件見直しをお願いされるかと思ったのですが、入居者が決まったとの連絡でした。まったく予想していなかったポジティブサプライズです。田島氏や別の担当者から「当社は不動産投資会社ではなく、不動産管理会社です」と話を聞いたことがありますが、まさに合点がいった瞬間でした。

後日、営業担当と食事をした際に、この件について話をしたことがあります。担当者本人も、

「私は営業で物件を売る担当なので、賃貸のことは詳しくわからないですが、なんかうちの会社は客付け強いんですよ」

と語っていました。

別の話ですが、私に日本財託を紹介してくれた先輩も同様のことがあったようです。他社で購入した物件の空室期間が2カ月近く続いた際に田島氏に相談したところ、速攻で入居者が決まった、と語っていました。

「サブリースVS.集金代行」と「新築VS.中古」議論に決着を！

現時点では「中古・集金代行」に軍配

不動産投資を検討されている方が必ず通る「サブリース契約をつけたほうがよいか、家賃などを集金代行してくれるほうがよいか」と「新築物件がよいか、中古物件がよいか」という議論があります。これを「サブリースVS.集金代行」議論、「新築VS.中古」議論として考えてみました。

私は日本財託から物件を購入するまでは、「新築（一部築浅中古物件）＋サブリース」一本で投資し続けてきて、日本財託で「中古・築古の物件＋集金代行」で投資を行ってきました。そこで、「どちらもメリット・デメリットがあるので、個人の状況に応じて選ぶのがいい」といったどっちつかずの回答をなしにして、あえて白黒ハッキ

中古の集金代行のメリットは？

(1) 家賃を自由に設定できる ―― 集金代行のメリット

(2) 不動産管理会社から抜かれるマージンが少なくてすむ ―― 集金代行のメリット

(3) 中古は販売価格が妥当 ―― 中古のメリット

りつけた回答をします。

現時点だと、ワンルームマンション投資においては

「中古の集金代行」

が正解だと思います。

中古の集金代行は自由度が高い

「中古の集金代行」を選ぶ理由は次の3つがあります。

(1)家賃を自由に設定できる（集金代行のメリット）

集金代行のメリットの1番目は、家賃を自分で決められることです。サブリースだと保証家賃として家賃は固定される

ので、現在のようにインフレの状況であれば、それが〝足かせ〟になります。家賃をサブリース会社が上げたとしても、オーナーに入ってくる金額は変わりません。

不動産投資家としては、自分が保有する不動産の家賃は自分で設定し、利益はマックスで享受したいものです。

また、サブリース会社によっては、家賃の公開を拒否するケースもあります。どんな理由であれ、情報公開できないという時点でオーナーとしては納得できないものです。

(2)不動産管理会社から抜かれるマージンが少なくてすむ（集金代行のメリット）

不動産管理会社から抜かれるマージンが、集金代行のほうが少ないこともメリットです。サブリースの場合は、空室であっても家賃保証され、その分のリスクは不動産会社が負うことになります。そのため、家賃の数％をマージンとして徴収します。

この金額が集金代行に比べると高いのが一般的です。つまり不動産管理会社に抜かれるマージンが集金代行のほうが安くなるわけです。

(3)中古は販売価格が妥当（中古のメリット）

新築だと販売会社の新築プレミア価格が上乗せされるため、値下がりしてプレミア価格がない中古物件のほうが、販売価格が妥当であると思います。これは、日本財託の物件を数多く見てきたからこそわかったことです。

不動産投資を検討されている方は新築業者にも会ってみて、物件のラインナップを見てください。

「中古の集金代行」で成功するための秘訣

ただし、この「中古の集金代行」の不動産投資においては、客付けの強い不動産会社から購入することが、成功の秘訣であり、絶対条件です。

相場より高い家賃を設定すれば入居者がつかないのは明らかです。ところが、客付けが弱い会社だと、家賃を相場と同等にしても空室リスクが高くなります。客付けの強い会社だと、相場より少し高い家賃を設定しても入居者がつくケースがあります。

なお、客付けの強い会社だと、基本的に都内であればサブリースでなくても集金代行でほぼ入居者がつきます。

空室期間が短いと、オーナーはどの程度トクをするのかみておきましょう。たとえば「賃料8万円、3年のうち1カ月は空室」であれば、次のようになります。

■集金代行

・賃料合計：280万円

■サブリース（95％換算）

・保証賃料：273・6万円

約1カ月分の違いが出ます。空室期間が短くなることで、集金代行＞サブリースの効果が大きくなるのです。

正解かどうかわかるのは20年後!?

現時点では「中古の集金代行」と前置きをしていますが、本当にどちらがよいかわかるのは、あと20年ほどしてからだと思っています。

たとえば、現在、築40年を超えた物件でも入居者がつき、サブリースよりも集金代行のほうがよいのは明らかです。ところが、20年後になると、「築60年を超えた集金代行の物件」と「完済した35年のサブリースの物件」のどちらが不動産投資家にとってよいか、という話になります。

築60年を超えた物件が、家賃いくらで入居者がつくのか、まったくわかりません。サブリースも同様に20年後、同じ契約で続けられるかはわかりません。本当にどちらがよいかわかるのは、こらから先のこと。誰にもわからないのです。20年後に、また本を出版することになれば〝正解〟を伝えることができるでしょう。

不動産投資のスタイルが変わった

日本財託との出会いにより最も大きかった影響は、自分自身の不動産投資のスタイルの変化でした。「中古の集金代行」はあくまできっかけにすぎず、**「キャッシュを投下する」**ことが重要だとわかったことが大きな変化でした。

以前はフルローンでひたすら新築物件を購入していました。そのまま中古物件でフルローンを組んでいたら、どうなっていたか。結局、毎月の赤字は増えるばかりで、いまのような心の余裕は生まれなかったでしょう。

時間を味方につけても、「ほったらかし」でいいの？

私は25歳で不動産投資を始め、「時間を味方につけた」投資ができていたものの、それをよいことに〝ほったらかしの買い増し〟をひたすら続けてきました。日本財託に出会うまでに購入した7戸をそのままほったらかしにしていても、老後には約60万円程度の不労所得が得られます。

ですから、ほったらかしでもよかったのかもしれません。

しかし、いまのように早いうちにプラス収支で不動産運用をしていくことはできなかったでしょう。キャッシュを投下するとプラス収支で回るのは、考えればあたり前のことです。ただ、日々の生活・仕事に追われると、なかなか不動産投資の運用スタイルを見つめ直すことは意外とむずかしいものです。

日本財託との出会いは、そんな私の不動産投資のスタイルを変化させてくれた「よき出会い」であったと思います。

コラム

広がる不動産オーナー仲間

本書を読まれている方で、投資に関する相談ができる仲間をお持ちの方は、どれくらいいるでしょうか。

私が働いていた外資系企業では、比較的オープンに社員でも投資の話ができる環境でした。ところが、転職（特に日系企業から）して入ってきた社員の多くが、「前職の会社では、投資に関する話をしたことがほぼない」と語っていました。投資＝お金の話は下世話なイメージを持つのか、多くの人が隠す傾向が強いような気がします。

日本財託と出会ってから私自身の不動産投資のスタイルは変わりましたが、もう一つ、かけがえのない財産というべき「不動産オーナー仲間」ができたことが大きな変化、出来事です。

一般的に考えると、不動産会社としてはオーナー同士での集まりはあまり好みません。他社から買っているオーナーの誘いなどで顧客を奪われたり、オーナー同士が結託（集まる）したりして、メリットがあまりないからです。

しかし、日本財託のオーナーと多くの交流を持つことができ、たくさんの仲間ができました。他社から購入している人もいれば、アパート投資をしている人、実際にFIREを達成した人などさまざまな人がいます。彼ら・彼女らと定期的に情報交換することができ、よい刺激をもらい、私の人生の友人関係の幅が広がりました。これはかけがえのない財産です。

6章

不動産投資と人生の選択肢

不動産投資によって、人生の選択肢が増えた

プラス収支の運用転換で、転職を決意

日本財託と出会い、不動産投資の運用状況がプラス収支に転換したことにより、自分自身の中で大きな心の変化が生まれました。それは「転職」です。

2009年に外資系コンサルティング会社に入社し、決して出来がよいとはいえないコンサルタントでしたが、ひたむきに15年走り続けてきました。ただ、常に会社を辞めたい、転職したいと考えていました。

「即、転職」にならなかったのは、自分の市場価値がどれほどなのかわからず、不安を抱えつつも、給与面での不満が特になかったからです。

しかし、38歳にして60歳の定年退職（いまでは65歳の定年退職もあたり前の時代な

ので、きっと70歳定年時代がくるでしょう）と考えたときに、残り22年間、このまま走り続けるのはさすがに厳しいと思いました。60歳時点から不労所得が入ること、現時点で不動産投資がプラス収支でまわっていることで、将来的にも収入面での不安からは解放されました。その時点で転職意欲が本格的なものとなったのです。

本書の執筆を始めるタイミングが、まさに新たな会社へ転職が決まった時期でした。

ＡＩの台頭が決意をより固める

転職を決意した直接的な理由はＡＩの台頭でした。ChatGPTが世に出たのは２０２２年の年末ごろの話ですが、衝撃を受けました。これまで高めたスキルも、今後はＡＩによってとって代わると思い始めました。そして、とうとう２０２３年の年末に転職を決意したのです。

皆さんはChatGPTを使ったことがありますか？　２０２２年にリリースされ、２０２３年にはさらに高度なChatGPT-4にバージョンアップされたのですが、その進化は想像をはるかに超えています。

試しに、ChatGPTで不動産投資に関する質問をした結果を紹介します。

ChatGPTの「日本の不動産投資について」の回答

日本におけるワンルームマンションの不動産投資には、いくつかのメリットがあります。特に都市部での投資を考える際に、ワンルームマンションは手軽さや収益性で人気があります。主なメリットは以下のとおりです。

(1) 初期投資額が比較的低い

ワンルームマンションは他の不動産に比べて価格が比較的安価なため、初めて不動産投資を行う人にとっても手が届きやすい。特に東京都心や大阪などの大都市圏では、若者や単身者の需要が高いため、安定した賃貸収入が期待できます。

(2) 需要が高い

日本の都市部では単身者世帯が増加しており、特に20代~30代の若い層を中心にワンルームマンションの需要が高い。また、転勤や短期滞在をするビジネスマンにも人気があるため、入居者の途切れが少ないのが特徴です。

(3) 管理が簡単

ワンルームマンションは面積が小さいため、メンテナンスや管理が比較的簡単です。物件が一棟アパートや戸建てに比べてシンプルな構造であるため、管理費用も抑えられることが多い。

⑷空室リスクが低い

大都市圏ではワンルームマンションの需要が高いため、空室になるリスクが低い。特に利便性のよい場所（駅近や商業施設が充実したエリア）では、賃貸物件としての競争力が高く、安定した収益を見込めます。

⑸売却時の流動性が高い

ワンルームマンションは投資家間で人気があるため、売却したいときにも比較的早く現金化できる可能性があります。また、価格帯が手ごろなため、購入者も広範囲に存在します。

⑹ローンの活用がしやすい

ワンルームマンション投資においては、金融機関からのローンが比較的組みやすい。小規模な物件であるため、借入額も抑えられ、リスク管理もしやすいというメリットもあります。

(7)節税効果

不動産投資を行うことで、税制上の優遇措置を利用することができます。たとえば、減価償却を活用して所得税や住民税の負担を軽減することが可能です。ただし、ワンルームマンション投資にはデメリットやリスクも存在するため、立地や管理会社の選定、資金計画をしっかりと行うことが重要です。

ChatGPTの「サブリースと集金代行について」の回答

不動産投資におけるサブリース（賃貸管理委託）と集金代行は、それぞれ異なるサービスであり、投資家のニーズや状況によってどちらが適しているかが変わります。それぞれの特徴と利点・欠点を比較し、どちらが自分に合っているかを考えるのがよいでしょう。

1. サブリース（賃貸管理委託）

(1)特徴

サブリースとは、不動産管理会社が物件を借り上げ、その後、第三者に賃貸する形式の契約です。管理会社が直接テナントを見つけ、賃料を集金し、物件の維持管理を行います。

(2)利点

・安定した収入

サブリース契約では、管理会社が賃料の支払いを保証するため、収入が安定します。空室リスクが低くなります。

・管理の手間が少ない

物件の管理（テナント募集、入居者対応、修理・保守など）を管理会社が行うため、オーナーの負担が軽減されます。

・トラブル対応

入居者とのトラブルや滞納問題を管理会社が対応します。

(3)欠点

・収益が減る

管理会社が一定の手数料や賃料を差し引くため、収益が減少する可能性があります。

・管理の質が変動

管理会社によってサービスの質が異なるため、選定には注意が必要です。契約条件が厳しい場合も　サブリース契約の条件がオーナーに不利になることもあります。特に長期契約が多いため、契約解除の際には注意が必要です。

2. 集金代行

(1) 特徴

集金代行とは、不動産管理会社が賃料の集金のみを代行し、物件の管理（テナント募集や修理・保守など）はオーナー自身が行うサービスです。

(2) 利点

・収益が高くなる

集金代行の場合、サブリースよりも手数料が低いため、収益が高くなりやすい。

・柔軟な管理

管理の自由度が高く、オーナーが直接物件を管理できるため、自分の方針に沿った運営が可能です。

・低コスト

管理会社への支払いが集金代行のみに限定されるため、コストが抑えられます。

(3)欠点

・手間がかかる

テナントの募集、契約、修理・保守、トラブル対応などはオーナー自身の責任となります。これに伴う手間や時間が増えます。

・空室リスク

自分でテナントを募集する必要があり、空室リスクが高くなる可能性があります。

・滞納リスク

集金代行は賃料の回収のみ行うため、滞納問題が発生した場合、オーナー自身で対応する必要があります。

3. 選ぶ際の考慮ポイント

・投資家の経験と時間

自分で管理できる経験と時間があるかどうか。経験が少ない、または時間がとれない場合はサブリースが向いています。

・収益の優先度

収益を最大化したい場合は集金代行がよいですが、安定した収入を重視するならサブリースが適しています。

・管理の手間

物件の管理やテナント対応にどれくらいの手間をかけられるか。自分の状況やニーズに合わせて、どちらが適しているかを判断することが重要です。どちらのサービスも、それぞれのメリットとデメリットを理解し、自分にとって最適な選択をすることが大切です。

いかがでしょうか。本書で私が書いた内容と、そう変わらない答えが返ってきました。不動産投資歴10年以上の経験を、一発で知ることができるのです。

これからの時代はＡＩにより大きな変革を迎えると感じて転職を決意し、ＡＩの会社に心機一転、転職を決意するに至りました。

これからの時代は、不労所得が重要

ＡＩ時代の到来で、同じ仕事を続けられる？

これからは不動産投資などの不労所得が重要になる時代だと感じています。ＡＩが転職のきっかけの一つになった話をしましたが、人の仕事がＡＩにとって代わる時代が到来します（すでに、そんな時代が来ているかもしれません）。

私自身が実感しましたが、いまのまま何十年も同じ仕事が続くか誰にもわかりません。おそらく「続かない」という意見が多数派でしょう。

常に新しい時代に適用していくのは、正直なところ大変だと思います。能力によって、いまよりも格差が広がる社会になっていくと予想しています。

第2の収入源として、働かなくても能力に関係なく収入を得る

そこで必要なのは、サラリーマンとしての収入だけでなく、第2の収入源として、なおかつ働かなくても・能力に関係なく収入が得られる不労所得。「不労所得こそが重要である」と思います。

特に、昨今は鬱病などで休職する人が非常に多いと感じます。また、インフレによって日々の生活費も高くなっています。すでにサラリーマンだけの収入に頼っていては、どんどん苦しくなっていくのは目に見えています。

ぜひ、決断力を発揮して第2の収入確保に前向きな検討をしてもらえるとうれしく思います。

コラム

不動産投資と転職を考えるきっかけ

読者の皆さんはサラリーマン？　転職経験はある？　これから転職を検討する？　何を重視して転職を判断する？　判断材料の一つは「給与」。ところが不動産が黒字化し、私自身そこまで給与にこだわる必要がなくなりました。

少し私の話をすると、新卒で外資系コンサルティングファームに入社し15年経ちましたが、AIの台頭により、この仕事を将来続けられるのか不安になったのを覚えています。入社後に必死に覚えたエクセルの関数は、いまではChatGPTが一発で教えてくれます。もともと3年生き残ることができれば〝御の字〟と思って入社しましたが、気づけば15年。いまから給与を下げてまで新しい会社に転職するという決断は、不動産が赤字の状態では絶対にできなかったでしょう。

転職を考えている人や転職した人の話を聞くと、「会社に不満はあるが、新しい会社に移る勇気がない、なかった」とよく聞きます。はなから給与が下がってもよいと思う人は、多くはないでしょう。私自身はサラリーマンとしては給与は高いほうだと思いますが、やはり下がることには強い抵抗感がありました。しかし、新しい会社の働く環境は非常に魅力的でした。

まさか、不動産投資が転職を決意させてくれるとは思っていませんでした。不動産投資はお金の面以外でも人生を豊かにする可能性があると、転職の機会に知ることができたのです。

あとがき

「まえがき」でも触れましたが、本書執筆の経緯は田島浩作氏の思いつきともいえる一本の電話でした。そして書き終えるまでに、1年近くの期間を要しました。本が嫌いな私が、「よくもまあ書ききった」と思います。

特に、本書の出版にあたっては、2人の方の激励が大きな後押しをしてくれました。

1人は、まったく筆が走らない状況だった私に、

「そろそろ書けましたか？　まあとりあえず、なんでもいいから書いて出してもらえれば大丈夫です」

と、自由気ままに、無責任に激励してくださった田島浩作氏。

もう1人は、やっぱり書けそうになく、書くのを断念してもよいか田島氏に言いづらいためこっそり相談した際に、

「途中まで読みましたけど、バズりますよ！　お願いしますよ大先生！　本を出版したら賞を狙いにいきましょう！」

とその場当たり的な悪ノリで激励して下さった日本財託の小手博文氏です。お2人のなんの役にも立たない激励から得た怒りをガソリンに、何とか書き切ることができました（笑）。田島氏には、本を書けば「人生の価値観が変わる」と教えられたのですが、書ききったいま思うこと。それは、「価値観が特に変わることはありませんでした（笑）」

ただ、自分自身の不動産投資を振り返る、いいきっかけになりました。加えて、「やっぱり不動産投資はやっておけばいいんじゃない（そんな程度ですが）」と思うことができました。

実は本書を執筆している間も2戸を買い増ししており、気がつけば「東京のワンルームを13室保有している現在38歳の不動産オーナー」から「東京のワンルームを15室保有している現在39歳の不動産オーナー」に肩書が変わりました。

ついでに、自分が書いた本がどれくらい売れるかまったくわかりませんが、〝世に出る〟という完全な自己満足は得られました。

本書を手にとり読んでいただいた読者の方には、感謝の意を伝えたいと思います。なんの変哲もないサラリーマンの投資本。私自身、電車の中刷り広告などで宣伝されている投資本にはまったく興味のない人間ですが、そんな人間が書いた本を読んでくれただけでもありがたいと思っています。

また、何か特別な投資法が本書から得られると思って手にとってくれた読者には、大変申し訳ないと思っています。

本書を執筆している間、過去10数年の投資の経緯を思い返しましたが、やはり「これをやれば儲かる」という〝秘伝のタレ〟は、正直なところありません。不動産投資のきっかけは「なんとなく」、そしてコツコツ続けてきただけでした。

ただ、不動産投資に少しは興味があるけど、「なんか怖い」と踏んぎりがつかない読者の皆さん。まったく興味ないけど、「老後の資金への不安や何かしらの投資をやったほうがいいけど、何をすればいいかわからない」という自信がない読者の皆さん――。本書がそうした方々の不動産投資の第一歩を踏み出すきっかけになれば、1年間、悶々と執筆してきた甲斐があります。

最後に一言、不動産投資は「エイヤ！ の決断力」です。結局、何ごとも「決断力」なのです。

TAKA

埼玉県出身。1986年生まれ。都内私立大学理工学部を卒業後、2009年に世界的に展開している外資系総合コンサルティングファームに入社。入社後は半人前でポンコツな「頭は弱いが心は強いコンサルタント」として働く傍ら、2011年から不動産投資にちゃっかり着手。仕事はそこそこに株式投資にも熱を入れ始め、株式投資・不動産投資を続け2024年に転職する時点で、都内に新築・中古/サブリース・集金代行のワンルームマンション13戸を保有するオーナーにまですくすく成長。日本財託との出会いで不動産投資の黒字転換・老後を含めた将来の見通しが見えたタイミングで、15年務めた外資系コンサルティングファームを退社し、AIベンチャーへの転職を決意。2025年時点では2戸を追加購入し、現時点で15戸のオーナーとなる。
不動産投資・AIについてのご相談はfudosan.investment.taka@gmail.comまでご連絡ください。

高収入だけど超ブラックなファーム勤めの
外資系コンサルタントが明かす
不動産投資、始めるなら「若いうち」!

2025年　4月30日　初版発行

■著　者　TAKA
■発行者　川口　渉
■発行所　株式会社アーク出版
〒102-0072　東京都千代田区飯田橋2-3-1
東京フジビル3F
TEL.03-5357-1511　FAX.03-5212-3900
ホームページ　http://www.ark-pub.com
■印刷・製本所　新灯印刷株式会社

落丁・乱丁の場合はお取り替えいたします。
ISBN978-4-86059-252-3

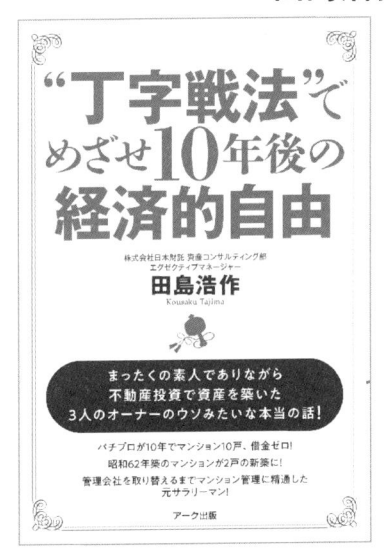